DER UNTERGANG DER BISMARCK

Wagnis, Triumph und Tragödie

B. B. SCHOFIELD

Der Untergang der
BISMARCK

MOTORBUCH VERLAG STUTTGART

Umschlagzeichnung: Carlo Demand
Einband und Umschlagkonzeption: Siegfried Horn

Copyright © 1972 by B. B. Schofield
Die englische Ausgabe ist erschienen bei Ian Allan Ltd., London,
unter dem Titel »Loss of the Bismarck«.
Die Übertragung ins Deutsche besorgte
Horst Willmann.

Marinefachliche Bearbeitung der deutschen Ausgabe:
Hans Dehnert.

Die Uhrzeiten in diesem Bericht beruhen auf der zur Zeit des Geschehens an
Bord der Schiffe der britischen Heimat-Flotte geltenden *doppelten britischen
Sommerzeit,* die der mittleren Greenwich-Zeit um 2 Stunden voraus war
(MGZ + 2 h).
Es ist deshalb zu beachten, daß die von der geographischen Länge abhängigen
jeweiligen Ortszeiten, mithin auch die Tageszeiten (Tag, Nacht, Dämmerung),
an den verschiedenen Schauplätzen der Ereignisse von Norwegen (etwa 1¹/₂
Stunden) durch die Dänemarkstraße (4 Stunden) bis in den Atlantik auf 40°
Westlänge (fast 5 Stunden) *früher* waren als die angegebenen Zeiten.
Ferner ist zu bedenken, daß in der fraglichen Jahreszeit (Ende Mai) in hohen
nördlichen Breiten die Nächte sehr kurz sind und nördlich des Polarkreises
(66,5° Nord – Nordisland) dauernd Tageslicht herrscht.

ISBN 3-87943-418-2

2. Auflage 1978
Copyright © by Motorbuch Verlag, Postfach 1370, 7000 Stuttgart 1.
Eine Abteilung des Buch- und Verlagshauses Paul Pielsch GmbH & Co. KG.
Sämtliche Rechte der Verbreitung in deutscher Sprache –
in jeglicher Form und Technik – sind vorbehalten.
Gesamtherstellung: Kösel, Kempten.
Printed in Germany.

Inhalt

SKIZZEN
1 Unternehmen »Rheinübung« am 23. Mai 1941. Sichten der *Bismarck*.
2 Gefecht zwischen *Hood* und *Prince of Wales* und den deutschen Schiffen *Bismarck* und *Prinz Eugen* am 24. Mai.
3 Nach Torpedoangriffen durch Flugzeuge von *Victorious* geht Fühlung an *Bismarck* verloren.
4 Kurse der britischen Verbände nach Abreissen der Fühlung an *Bismarck* von 8 bis 20 Uhr am 25. Mai.
5 Kurse der britischen Verbände nach Wiederfinden von *Bismarck* ab 26. Mai, 10.30 Uhr.
6 Endkampf gegen *Bismarck* am 27. Mai.

Danksagung

Mein Dank gebührt allen denen, die mir in verschiedener Weise bei den Vorarbeiten zu diesem Buche behilflich waren, insbesondere den Bibliothekaren und Mitarbeitern der Admiralität, des Imperial War Museum und der Royal United Service Institute's-Bibliothek; Herrn Prof. Dr. Jürgen Rohwer von der Bibliothek für Zeitgeschichte, Stuttgart, der zu der Verwendung der Kartenskizzen über die Bewegungen der *Bismarck* sein Einverständnis erteilte, die er für die Arbeit des verstorbenen Kapitäns zur See Gerhard Bidlingmaier *»Erfolg und Ende des Schlachtschiffes Bismarck«* angefertigt hatte (Wehrwissenschaftliche Rundschau, Heft 9/59), und die ebenso auch in dem Buch *»Schlachtschiff Bismarck«* von Jochen Brennecke wiedergegeben sind; und schließlich Mrs. Erika Gillett für ihre Übersetzertätigkeit. Für die in dem Buch enthaltenen Fotos danke ich dem Imperial War Museum.

Holme,
Lower Shiplake   B. B. Schofield
Im Mai 1971

6

Einleitung

Im Jahre 1867 veröffentlichte ein unbekannter Captain der Royal Marine Artillery, John Charles Ready Colomb, anonym eine kleine Schrift unter dem Titel »Der Schutz unseres Handels und die Verwendung der dafür in Betracht kommenden Marinestreitkräfte« *(The Protection of our Commerce and Distribution of Naval Forces considered)*. Bereits zu dieser Zeit zeigte der Zwang zur Einfuhr von Nahrungsmitteln zur Ernährung einer zunehmenden Bevölkerung von 26 Millionen ebenso wie von Rohstoffen für eine schnell wachsende Industrie deutlich, daß England gegenüber einem Zugriff auf seine Seeverbindungen sehr verwundbar war. Aber es dauerte lange, bis die für die Landesverteidigung Verantwortlichen sich dieser Tatsache bewußt wurden. Colomb starb 1909, nachdem er sein Leben lang seine Ansichten verbreitet hatte, Ansichten, die sich später als eine äußerst vernünftige Seestrategie erweisen sollten, jedoch im großen und ganzen noch wenig Beachtung fanden. Als die Ereignisse auf den Ausbruch des Ersten Weltkrieges zutrieben, konzentrierte sich das Interesse auf den möglichen Ausgang eines Aufeinandertreffens

7

der Schlachtflotten, die Großbritannien und Deutschland im vorhergehenden Jahrzehnt in angestrengtem Wettrüsten gebaut hatten. Als jedoch der Krieg ausbrach, war es die Bedrohung seiner Seeverbindungen durch die deutschen Uboote, die England an den Rand einer Niederlage brachte.

In den Jahren zwischen den beiden Kriegen waren Verträge, Abkommen und Verhandlungen an der Tagesordnung. Großbritannien versuchte, im Rahmen der Genfer Konvention einen Schutz seiner Handelsschiffahrt gegen Ubootangriffe zu erlangen, denn nachdem seine Bevölkerungszahl im Jahre 1931 die 46 Millionen erreicht hatte, war seine Abhängigkeit von der Versorgung über See größer denn je. Außerdem war die Industrie in steigendem Maße, die Royal Navy sogar völlig von der Verwendung einheimischer Kohle auf importiertes Erdöl übergegangen. Als die Gefahr eines erneuten Krieges mit Deutschland immer drohender wurde, hegte die Admiralität den begründeten Verdacht, daß die Genfer Konvention, die Angriffe auf Handelsschiffe ohne ausreichende Vorkehrungen für die Sicherheit ihrer Besatzungen verbot und der Deutschland beigetreten war, nicht eingehalten werden würde, wenn einmal Feindseligkeiten begannen. Glücklicherweise traf sie daher Vorbereitungen für die Einrichtung des Konvoisystems im Nordatlantik. Es wurde bald ersichtlich, daß die vorhandenen Kräfte völlig unzureichend waren, um Geleitschutz im notwendigen Umfang zu stellen. Allgemein herrschte jedoch die Überzeugung, daß ein auch nur schwach gesicherter Geleitzug besser war als Einzelfahrt. Diesmal standen sich keine Schlachtflotten gegenüber, und so konzentrierte sich Deutschland vom ersten Tage an auf den Handelskrieg gegen die britischen Seeverbindungen, obwohl auch seine Kriegsmarine nicht über ausreichende Mittel zu dessen wirksamer Führung verfügte, wie sie es gewünscht hätte. Nichtsdestoweniger wurden jedoch alle vorhandenen Kräfte in bester Weise genutzt, so daß sie Ende 1939 nach nur vier Kriegsmonaten die Versenkung von mehr als ¾ Millionen BRT Handelsschiffsraum als Erfolg verbuchen konnten. Im folgenden Jahre 1940, in dem die Besetzung Norwegens und Dänemarks, bald darauf die von Niederland, Belgien und des größten Teiles Frankreichs durch Deutschland erfolgte, erreichten die Schiffsverluste die alarmierende Größe von fast 4 Millionen BRT. Angesichts all dieses Unheils unternahm aber Großbritannien unter der kraftvollen Führung Winston Churchills und mit der großzügigen Hilfe der USA alle Anstrengungen, um in der Lage zu sein, den Krieg alleine fortzuführen. In der gesamten heimischen Industrie erhielt die Kriegsproduktion den höchsten Vorrang, doch blieb die unumgängliche Tatsache bestehen, daß ohne ständig fließende Zufuhr von Rohstoffen, Nahrungsmitteln, Waffen und Ausrüstungen aus Nordamerika und dem Empire alle diese Anstrengungen vergebens sein würden. Deutschland beherrschte jetzt die europäische Atlantikküste vom Nordkap bis zur spanischen Grenze. Das hatte ihm zur Führung des Handelskrieges mit Ubooten im Atlantik erhebliche Vorteile verschafft. Diese operierten mit gelegentlicher Unterstützung durch Focke-Wulf-Langstreckenflugzeuge von Häfen bzw. Flugplätzen des besetzten Frankreich aus und erzielten in zunehmendem Maße Erfolge gegen die britische und alliierte Handelsschifffahrt. Winston Churchill schrieb über seine Befürchtungen in dieser Zeit:

»Wie weit würde der Ubootkrieg unsere Einfuhren und Schiffahrt noch schädigen? Würde es je dahin kommen, daß er unser Leben zum Erliegen brächte? Hier war kein Raum für Prestige oder Sensationen; nur das langweilige, nüchterne Zeichnen von Kurven auf Tafeln, die ein mögliches Abwürgen erkennen ließen. Im Vergleich hierzu waren tapfere Armeen, die zum Sturm gegen den Angriff auf die britischen Inseln bereitstanden, oder ein guter Plan für den Feldzug in der Wüste Nordafrikas wertlos. Auf diesem trüben Felde zählte auch der große und zuversichtliche Kampfgeist des Volkes gar nichts. Entweder kamen Nahrung, Nachschub und Waffen aus der Neuen Welt und aus dem britischen Empire heran, oder das schlug fehl.«[1]

Und der Premierminister hatte allen Grund für seine Besorgnis. Ende Januar 1941 war es den deutschen Schlachtkreuzern *Scharnhorst* und *Gneisenau* gelungen, in den Atlantik auszubrechen, und dort 22 Schiffe mit insgesamt 115 000 BRT zu versenken oder aufzubringen. Anfang Februar hatte der schwere Kreuzer *Hipper* bei einem zweiten Vorstoß in den Atlantik 7 Schiffe mit 32 806 BRT aus einem nach England gehenden Geleitzug von 19 Schiffen

[1] Winston Churchill, *The Second World War*, Band II.

aus Sierra Leone versenkt. In den ersten drei Monaten des
Jahres 1941 vernichteten Handelsstörer insgesamt 37
Schiffe mit 187 662 BRT. Zusammen mit den Versenkun-
gen durch Uboote und aus anderen Ursachen verlor die
Handelsschiffahrt insgesamt fast 1,5 Millionen BRT. Alle
diese Maßnahmen stellten in ständig zunehmendem Maße
Anforderungen an die begrenzten Kräfte der Royal Navy,
denn um einen geschickt geführten Handelsstörer in den
Weiten des Ozeans zu stellen, bedurfte es, wie sich bereits
erwiesen hatte, einer großen Zahl von Schiffen und Flugzeugen, und besonders an letzteren bestand großer Mangel.

DEUTSCHE STÄRKEN UND SCHWÄCHEN

Großadmiral Erich Raeder, der Oberbefehlshaber der
deutschen Kriegsmarine, war ein Mann von großer Erfahrung und Entschlossenheit. Während des ersten Weltkrieges war er Chef des Stabes bei Vizeadmiral Franz von
Hipper, dem Befehlshaber der Aufklärungsstreitkräfte
und gefürchteten Gegner Beatty's beim Kampf der beider-
seitigen Schlachtkreuzer in der Skagerrakschlacht gewesen.
Während dieses Krieges hatte die deutsche Hochseeflotte
über lange Zeiten in den Häfen gelegen, was später heftige
Kritik darüber ausgelöst hatte, daß ihr Offensivwert nicht
in dem Maße genutzt worden wäre, wie es hätte sein sollen.
Raeder war entschlossen, die Fehler seiner Vorgänger, der
Admirale von Pohl und Scheer, nicht zu wiederholen. Er

hatte sich trotz der gegenüber der britischen unterlegenen deutschen Flotte vom ersten Tage an für eine offensive Kriegführung entschieden und damit auch bisher bemerkenswerten Erfolg errungen. Hier waren zu nennen die Erfolge der Panzerschiffe gegen die britische Handelsschiffahrt in den ersten Kriegsmonaten trotz des unnötigen Verlustes von *Admiral Graf Spee;* die Risiken, die man beim Norwegen-Feldzug eingegangen war, und die sich trotz der hohen Verluste beachtlich ausgezahlt hatten; der Erfolg der beiden Schlachtkreuzer während ihres kürzlichen Atlantik-Unternehmens: alles dies bestärkte ihn in seinem Glauben, daß »Angriff immer noch die beste Verteidigung« sei. Er wußte auch, daß die Unterbrechung der britischen Lebensader mit Nordamerika und anderen Lieferanten aus Übersee Großbritannien die Fortführung des Krieges unmöglich machen würde. Ihm standen jedoch Uboote noch nicht in ausreichender Zahl zur Verfügung, um dies zu bewirken. Eine Auswirkung der genannten Unternehmungen der Panzerschiffe, Kreuzer und Schlachtkreuzer war, daß sie die Briten zur Verwendung ihrer Schlachtschiffe zum Geleitschutz im Nordatlantik nötigten. Dadurch waren die deutschen Überwassereinheiten vom Angriff auf diese Geleite abgehalten worden und hatten nicht so viele Handelsschiffe versenken können, wie es sonst möglich gewesen wäre. Schließlich glaubte Raeder aber, einen Weg zu einem, wie er hoffte, entscheidenden Schlag gefunden zu haben. Das neue Schlachtschiff *Bismarck* war jetzt einsatzbereit geworden, und er wußte genau, daß es jeder vergleichbaren Schiffsklasse der britischen Marine in jeder Weise überlegen war. Trotz dieser von ihm als »außerordentliche Kampfstärke« bewerteten Eigenschaften war Raeder aber besorgt, weil er seinen Schiffen keine Luftsicherung geben konnte, und er war sich dieses »Schwächepunktes in unserer Rüstung« durchaus bewußt. Und hiergegen hatte er nichts tun können, da der Krieg früher, als er es hatte erwarten können, ausgebrochen war und er keine Zeit gehabt hatte, den Bau von Flugzeugträgern zu vollenden. Trotzdem entschloß er sich aus den oben genannten Gründen dazu, diese Schwäche zu ignorieren. Aber er hätte sich von seinem Gegenspieler, dem Oberbefehlshaber der Luftwaffe, Reichsmarschall Hermann Göring, mehr Verständnis für Zusammenarbeit wünschen können, denn es gab eine ganze Reihe von Aufgaben, bei denen landgestützte Flugzeuge die fehlenden Marineflieger hätten ersetzen können.

BISMARCK

Das Schlachtschiff *Bismarck* war das vierte Schiff, das den Namen des »Blut und Eisen«-Kanzlers trug, der paradoxerweise, obwohl er die Einheit der deutschen Nation geschmiedet hatte, für sie den Besitz einer Flotte nicht für notwendig gehalten hatte. Seit seiner Indienststellung am 24. August 1940 hatte sich das Schiff zu Erprobungen in der Ostsee befunden. Die bei jedem neuen Schiff auftretenden Kinderkrankheiten wurden behoben und die Besatzung auf besten Ausbildungsstand gebracht. Als Raeder Ende November 1938 Hitler die Entwürfe der beiden neuen Schlachtschiffe vorgelegt hatte, die zwei Jahre zuvor auf Kiel gelegt worden waren, hatte dieser sie kritisiert und als »unterarmiert und zu langsam« bezeichnet. Der Großadmiral wußte es jedoch besser. Offiziell als in Übereinstimmung mit den Begrenzungen des Washingtoner Abkommens von 1922 auf 35 000 ts[2] deklariert, hatten *Bismarck* und ihr Schwesterschiff *Tirpitz* eine Höchstverdrängung von 50 900 bzw. 52 600 t[3], ein Geheimnis, das sehr gut gewahrt worden war. Großer Wert war auf den Unterwasserschutz gelegt worden, der zusätzlich zu ungewöhnlich starken Torpedoschotten aus einer großen Zahl von Abteilungen oder Räumen bestand, die den Wasserdruck aufnehmen und Explosionskräfte nach oben ableiten konnten. Für diese besonders als Schutz gegen Torpedotreffer bestimmten Abteilungen war ein Spezialstahl von großer Zähigkeit und Dehnbarkeit verwendet worden, der durch den Druck einer Explosion verformt werden konnte, ohne zu reißen. Diese Räume waren unmittelbar unterhalb des Gürtelpanzers und innerhalb des Schiffskörpers zwischen Außenhaut und Torpedoschott angeordnet. Die Panzerung bestand aus einem 320 mm starken

---

[2] Anm. d. Bearbeiters d. deutschen Ausgabe: Die Größenbegrenzungen des Washingtoner Flottenabkommens betrafen die *Typverdrängung* in engl. tons zu 1016 kg, d. h. das Gewicht des voll ausgerüsteten Schiffes, aber ohne Brennstoff- und Kesselspeisewasservorrat, sog. »Washington-Tonnen«, in metrischem Maß 35 560 t.

[3] Hier ist die *Höchstverdrängung* (in t) angegeben, d. h. mit allen Vorräten. Die *Typverdrängung* betrug dagegen 42 345 t (knapp 41 700 ts).

Gürtelpanzer aus bestem gehärteten Kruppstahl, der über 170 m Länge die lebenswichtigen Teile des Schiffes schützte und von 3 m über bis 2 m unter der Wasserlinie reichte. Wenn auch nicht sicher gegen einen direkten Treffer einer 38 cm-Granate, so glaubte man doch, jedes Gefecht gegen ein ähnlich bewaffnetes Schiff würde auf so große Entfernung geführt werden, daß der stumpfe Auftreffwinkel nur zu einem Abprallen führen könnte, dem ein so hochwertiger Stahl standhalten würde. Der Horizontalpanzer bestand aus einem Oberdeck von 50 mm Spezialstahl, das die Zünder von Granaten und Bomben zur Detonation bringen sollte, bevor sie in lebenswichtige Teile des Schiffes durchschlagen konnten. Darunter überdeckte das Panzerdeck aus 100 mm starkem Panzerstahl vier Fünftel der Schiffslänge. Seine 120 mm starken Böschungen reichten fast bis zur Unterkante des Gürtelpanzers. Mit einiger Berechtigung, wie auch spätere Ereignisse beweisen sollten, wurde behauptet, daß diese Schiffe eigentlich unsinkbar wären. Ursprünglich für Dieselantrieb entworfen, der den Schiffen einen sehr großen Fahrbereich geben sollte, hatte die Notwendigkeit zur Beschleunigung des Baues dessen Ersatz durch Wagner-Hochdruckkessel mit drei Turbinensätzen zur Folge, die drei Propeller antrieben, um eine Konstruktionsgeschwindigkeit von 29 Kn zu erzielen. Bei Probefahrten erreichte *Bismarck* 30,8 Kn. Dies war also das Schiff, auf das Raeder seine Hoffnungen setzte.

Der schwere Kreuzer *Prinz Eugen,* der *Bismarck* auf ihrer
Atlantikunternehmung begleiten sollte, war ein Schwesterschiff von *Admiral Hipper* und dem unglücklichen *Blü-
cher,* der bei der Norwegenbesetzung gesunken war. Offiziell sollten sie der im Washington-Abkommen von 1922
festgelegten 10 000 ts-Grenze für Kreuzer entsprechen;
tatsächlich betrug ihre Verdrängung jedoch fast das Dop-
pelte, nämlich voll ausgerüstet über 18 000 ts.[4] In Geschwindigkeit und Panzerschutz übertrafen sie die 20,3 cm-
Kreuzer der britischen Flotte. *Prinz Eugen* trug als erstes
Schiff in der deutschen Marine diesen Namen. Sein unmit-
telbarer Vorgänger war das 20 000 t-Linienschiff der k.
und k. österreichischen Marine im Ersten Weltkrieg, das
seinerseits nach dem Franzosen François Eugene, Prinz von
Savoyen, benannt war, in der Schlacht von Blenheim
(Höchstädt) 1704 als kaiserlicher General Verbündeter des
Duke of Marlborough, eines Vorfahren Churchills. Neben
seiner schweren Artillerie von acht 20,3 cm-Geschützen
trug das Schiff zwölf 10,5 cm-Flak und zwölf Torpedo-
rohre. Es erwarb in der deutschen Marine den Namen »das
glückhafte Schiff«.

---

[4] *Typverdrängung:* 14 800 ts. E. Gröner: »Die Schiffe der deutschen Kriegsmarine... 1939–45«, München 1954.

Raeders Operationsplan, der den Tarnnamen »Unternehmen Rheinübung« erhielt, sah ein gleichzeitiges Auslaufen des Schlachtschiffes *Bismarck* und des Kreuzers *Prinz Eugen* aus der Ostsee und der Schlachtkreuzer *Scharnhorst* und *Gneisenau* aus Brest, wo diese nach ihrer letzten Unternehmung eingelaufen waren, in den Atlantik vor. Die Schiffe sollten sich auf einer vorher bestimmten Position treffen, und er war zuversichtlich, mit diesem schlagkräftigen Verband jeden angetroffenen Konvoi vernichten zu können. Eine Reihe solcher verheerender Schläge würde, dessen war er sicher, zu einer Einstellung des Schiffsverkehrs führen. Außerdem würde eine solche Konzentration die Engländer vor ein sehr schwieriges Problem stellen und sie möglicherweise, um ihr zu begegnen, zum Abzug ihrer Schlachtschiffe aus dem Mittelmeer zwingen; damit würde dort der italienischen Flotte das Erringen der Seeherrschaft erleichtert werden. Die Versorgung der Schiffe durch fünf Tanker und zwei Versorgungsschiffe und eine besondere Aufklärung durch Uboote und getarnte Handelsschiffe war vorbereitet worden. Es war ein kühner, einfallsreicher Plan, typisch für den Mann, der ihn gefaßt hatte, und er hätte durchaus Erfolg haben können, wäre nicht eine Reihe unvorhergesehener Umstände eingetreten.

Ursprünglich zum Anlaufen in der Neumondphase Ende April geplant, trat der erste Rückschlag ein, als sich herausstellte, daß die Instandsetzung der *Scharnhorst* in Brest länger dauern würde. Dann torpedierte am 6. April ein

Flugzeug des Coastal Command der Royal Air Force die dort vor Anker liegende *Gneisenau*. Fünf Tage später wurde das Schiff, das inzwischen gedockt worden war, bei einem Angriff des Bomber Command auf den Hafen schwer beschädigt. Später wurde auf *Prinz Eugen* beim Überlaufen einer von Flugzeugen geworfenen Grundmine in der Ostsee eine Kupplung beschädigt, so daß das Unternehmen auf die nächste Neumondphase Ende Mai verschoben werden mußte.

Raeder hatte zur Führung der Unternehmung einen Admiral ausgewählt, in den er, wie er schrieb, das größte Vertrauen setzte, den zweiundfünfzigjährigen Günther Lütjens, der sich auf Torpedobooten im Ersten Weltkrieg besonders ausgezeichnet hatte. Zu Beginn des Zweiten Weltkrieges war er Führer aller Zerstörer, Torpedoboote und Schnellboote. Im April 1940 führte er in zeitweiliger Vertretung des erkrankten Admirals Wilhelm Marschall die Schlachtkreuzer *Scharnhorst* und *Gneisenau* während des Norwegenfeldzuges und wurde im Juli als dessen Nachfolger berufen. Er war erst vor kurzer Zeit von einem erfolgreichen Vorstoß mit diesen Schiffen in den Atlantik zurückgekehrt. Er ist bezeichnet worden als »einer der fähigsten deutschen See-Offiziere nach dem Ersten Weltkrieg. Sehr überlegt und klug, nüchtern in der Beurteilung der Lage und Menschen. Unbestechlich in seinen Ansichten, bescheiden und eine erst bei näherem Kennenlernen gewinnende Persönlichkeit. Frei von jeder Eitelkeit und ohne übertriebenen Ehrgeiz. Durch seinen trockenen Humor besonders beliebt bei seinen Kameraden«.[5]

18

Als Raeder Lütjens von seinem Entschluß in Kenntnis setzte, das Unternehmen anlaufen zu lassen, wies dieser darauf hin, daß es weit wirksamer sein würde, wenn es bis zur Einsatzbereitschaft entweder der Schlachtkreuzer oder von *Tirpitz* aufgeschoben würde. Er gab ferner zu bedenken, daß ein Erscheinen der *Bismarck* im Atlantik die britische Admiralität zu Maßnahmen veranlassen würde, die die Erfolgschancen für eine spätere Unternehmung mit starken Kräften zusammen mit den anderen Schiffen mindern würden. Wenn er Lütjens in diesem Punkte auch voll zustimmte, war Raeder doch offensichtlich nicht bereit, seine Absicht zu ändern, denn er fuhr fort, Lütjens zu ermahnen, Brest nur für kürzestmögliche Zeit und nur zur Munitionsergänzung oder im Falle schwerer Schäden anzulaufen. Er schloß: »Vorsichtiges Operieren ist angezeigt. Es ist nicht richtig, für einen beschränkten, vielleicht unsicheren Erfolg einen hohen Einsatz zu wagen. Unser Ziel muß sein, mit *Bismarck* und später zusammen auch mit *Tirpitz* dauernd laufende Operationen durchzuführen. Ein Suchen des Kampfes ist nicht Selbstzweck, sondern nur Mittel des Zieles, feindliche Tonnage zu versenken. Solange dies ohne hohen Einsatz möglich ist, um so besser.« [6] In seinem Buch sagt Raeder, daß er besorgt war über die allmähliche Verminderung der Erfolgsaussichten »durch die Verbesserung der feindlichen Abwehr, vor allem in-

[5] Jochen Brennecke: »Schlachtschiff *Bismarck*«, S. 438. (Aus einem Brief von Admiral Patzig an den Verfasser.)

[6] Brennecke, a. a. O., S. 157.

folge der Verstärkung der feindlichen Luftüberwa-
chung«.[7]

So entschied er nach Abwägen aller dieser Gesichtspunkte,
daß das Unternehmen von *Bismarck* und *Prinz Eugen*
alleine durchzuführen sei, sobald die Reparatur des letzteren beendet wäre. Als Datum wurde schließlich der 18. Mai
festgelegt.

Es war dafür, daß der Flottenchef als oberster Seebefehlshaber persönlich führen sollte, eine vergleichsweise kleine
Unternehmung. Diesen Punkt schnitt Admiral Conrad
Patzig Lütjens gegenüber an, als er eine Woche vor dem
geplanten Anlaufen mit ihm darüber sprach. Obwohl Lütjens ihm zustimmte, wünschte er Raeders Entscheidung
nicht in Frage zu stellen, wenn er auch eine Vorahnung
von deren Ausgang zu haben schien, denn er sagte zum
Schluß der Unterredung: »Ich bin mir darüber klar, daß
ich mich bei dem ungleichen Verhältnis der Kräfte doch
früher oder später opfern muß. Ich habe mit meinem pri-
vaten Leben abgeschlossen, und ich bin entschlossen, die
mir zugefallene Aufgabe ehrenvoll so oder so zu lösen.«[8]

Obwohl es in den Unterlagen über die Lagevorträge im
Führerhauptquartier keinen Beleg gibt, daß Hitler um die
Zustimmung zum Unternehmen »Rheinübung« ersucht
wurde und Raeder kategorisch sagt: »Für den Einsatz des
neuesten deutschen Schlachtschiffes trage ich ... die Ver-
antwortung. Ich trage sie allein«[9], ist Kapitän zur See

[7] Erich Raeder: »Mein Leben«, Bd. 2, S. 265.
[8] Brennecke, a. a. O., S. 162.
[9] Raeder, a. a. O., S. 269.

(später Admiral) v. Puttkamer, Hitlers Adjutant, der Ge-
währsmann, daß der Führer in zwölfter Stunde einzugrei-
fen versuchte. Als *Bismarck* in Gotenhafen lag, wurde sie
von Hitler besucht, die Frage ihrer Verwendung jedoch
nicht erörtert, da Raeder nicht anwesend war. Erst als der
Großadmiral am 22. Mai auf dem Berghof Vortrag hielt
und dabei fast beiläufig erwähnte, daß die Schiffe ausgelaufen seien, stellte Hitler die Frage nach ihren Aufgaben.
Darüber unterrichtet, »äußerte er erhebliche Bedenken
und Sorgen« und wollte sie zurückrufen lassen. Er be-
fürchtete mögliche Reaktionen der Vereinigten Staaten,
die Möglichkeit von Verwicklungen mit dem Beginn des
Unternehmens Barbarossa (der zum Beginn am 1. Juni geplanten Invasion Rußlands) und schließlich die Risiken
von Angriffen britischer Flugzeugträger auf die Schiffe.
Erst nach längerer Diskussion stimmte Hitler dann doch
einer planmäßigen Fortsetzung des Unternehmens zu.[10]

[10] Brennecke, a. a.O., S. 188 ff

Kapitel 1: Maßnahmen und Gegenmaßnahmen

Der Oberbefehlshaber der britischen Home Fleet, die in Scapa Flow lag, war Admiral Sir John C. Tovey, sechsundfünfzigjährig, jedoch vom Aussehen eines eben Vierzigjährigen. Er war Zerstörerfahrer und hatte die längste Zeit seiner Laufbahn in der Führung dieser schnellen Schiffe verbracht, auf denen rasche Entschlußkraft unbedingt notwendig ist. Als Kommandant des Zerstörers *Onslow* hatte er an der Skagerrakschlacht teilgenommen und ein großes Maß an Angriffsgeist und Selbständigkeit bewiesen, als er das deutsche Schlachtkreuzergeschwader im Alleingang angriff, dem Kreuzer *Wiesbaden* den Fangschuß gab und sein schwer beschädigtes Schiff schließlich glücklich in den Hafen zurückbrachte. Hierfür war er mit dem wohlverdienten D.S.O. (Orden für hervorragende Verdienste) ausgezeichnet worden. Er sollte die Eigenschaften großer Zielstrebigkeit und schneller geistiger Anpassungsfähigkeit in den folgenden kritischen Tagen unter Beweis stellen. Die Hauptaufgabe der Home Fleet bestand zu diesem Zeitpunkt darin, den Ausbruch deutscher Kriegsschiffe von Deutschland und Norwegen in den Atlantik zu verhindern. Der erfolgreiche Ausbruch der Schlachtkreuzer *Scharnhorst* und *Gneisenau* während der langen dunklen Winternächte mit anschließendem Einlaufen in Brest hatte sie sozusagen umgangen. In der Folge mußte deshalb die Royal Air Force diese beiden Schiffe nun zu ihrem ersten Angriffsziel machen, ein ausgezeichnetes Beispiel für die Wechselwirkungen zwischen den Teilstreitkräften. Es war bekannt, daß das neue Schlachtschiff *Bismarck* nun einsatzbereit sein mußte. Seine Vereinigung mit den beiden anderen Schiffen und damit eine Bedrohung des atlantischen Schiffsverkehrs zu verhindern, deren die Home Fleet unter den gegebenen Umständen nur schwer hätte Herr werden können, war von größter Wichtigkeit. Die Tage, in denen eine britische Flotte durch unablässige Wacht das Auslaufen einer französischen Flotte aus dem gleichen Hafen hatte verhindern können, waren längst vergangen. Unter der Bedrohung durch Luft- und Uboot-Angriffe konnten Schiffe keine enge Blockade mehr aufrechterhalten und auch nicht auf nahegelegenen Ankerplätzen wie Torbay oder im Plymouth Sound auf Nachricht vom Auslaufen des Gegners warten.

Die Home Fleet verließ sich hinsichtlich der Bewegungen feindlicher Schiffe vorzugsweise auf die Luftaufklärung, die durch Ergebnisse des Nachrichtendienstes untermauert wurde. Als Meldungen über die Möglichkeit bevorstehenden Auslaufens eintrafen, wurde eine Verstärkung der Luftaufklärung eingeleitet und eine Bewachung durch Überwasserstreitkräfte sowohl in der 200 Seemeilen breiten Dänemarkstraße zwischen Island und Grönland als auch in der Island/Faröer-Passage eingerichtet. Die erstgenannte wurde von den deutschen Schiffen für den Ausbruch bevorzugt. Sie wurde durch Eisfelder vor der grönländischen Küste auf 60–80 Seemeilen je nach der Jahreszeit verengt. Eine britische Minensperre erstreckte sich in nordwestlicher Richtung einige 50 Seemeilen von der Nordwestspitze Islands, was den Deutschen bekannt war. Dadurch wurde das Fahrwasser auf eine Breite zwischen 10 und 30 Seemeilen eingeschränkt. Aber trotz äußerster Wachsamkeit gaben schlechtes Wetter und die langen Nächte dem Feind eine nicht geringe Chance, unbemerkt durchzubrechen, vor allem deshalb, weil dem Coastal Command in den ersten Kriegsjahren nur unzureichend Flugzeuge zur Verfügung standen, um alle an es gestellten Anforderungen zu erfüllen. Wie bereits erwähnt, hatten *Scharnhorst* und *Gneisenau* bei ihrem Ausbruch in den Atlantik im Januar einem Abfangen entgehen können, und das war auch *Admiral Hipper* bei der Rückkehr nach Deutschland im März gelungen. Jetzt, im Mai, aber begünstigten die kürzeren Nächte und die Hoffnung auf weniger stürmisches Wetter die britischen Seestreitkräfte.

Zu der Zeit, als *Bismarck* und *Prinz Eugen* sich auf ihre Atlantikunternehmung vorbereiteten, bestand die Home Fleet aus den beiden neuen Schlachtschiffen *King George V* (Flaggschiff von Admiral Tovey) und *Prince of Wales*, dem Schlachtkreuzer *Hood* (Flaggschiff des Vice-Admirals L. E. Holland), den schweren Kreuzern (mit 20,3 cm-Kaliber) *Norfolk* (Flaggschiff von Rear-Admiral W. F. Wake-Walker) und *Suffolk*, den leichten Kreuzern (mit

15,2 cm-Kaliber) *Galatea* (Flaggschiff des Rear-Admirals A. T. B. Curteis), *Aurora, Arethusa, Kenya, Hermione, Neptune, Birmingham* und *Manchester*, dazu zwölf Zerstörern (siehe Anhang I). Mit Ausnahme von *Norfolk* in der Bewachung der Dänemarkstraße, *Suffolk* bei Brennstoffergänzung in Hvalfjord (Island), *Birmingham* und *Manchester* in der Bewachung der Island/Faröer-Passage, *Arethusa* mit dem Befehlshaber der Orkneys und Shetlands auf dem Marsch nach Island, *Hermione* auf dem Rückmarsch nach Scapa Flow nach Reparaturen an einem Geschützturm und den aus dem Süden zurückkehrenden Zerstörern *Inglefield* und *Intrepid* lag der Rest der Flotte in Scapa Flow. Auf dem Papier schien Admiral Tovey ein erdrückend überlegener Verband gegenüber dem, den die Deutschen aufbringen konnten, zur Verfügung zu stehen. Wie aber bereits erwähnt, ist ein Schiff – selbst von der Größe der *Bismarck* – ein winziges Objekt, verglichen mit der Weite des Ozeans. Um es zu suchen, bedarf es deshalb einer großen Zahl von Schiffen. Sie müssen zudem entweder so schnell sein, daß sie sich außer Reichweite halten können, oder zu ausreichend starken Verbänden zusammengefaßt werden, um es mit einem georteten Gegner aufnehmen zu können. Unter den Umständen, die für diese Schilderung eine Rolle spielen, war der letztgenannte Aspekt von besonderer Bedeutung. Da *Bismarck* jedem Schiff der britischen Flotte überlegen war, mußten mindestens zwei schwere Einheiten zusammengefaßt werden, um es mit ihr aufnehmen zu können, und dies mußte Admiral Tovey bei seinen Dispositionen berücksichtigen.

VERGLEICH DER *BISMARCK* MIT DER *KING GEORGE*
V-KLASSE UND *HOOD*

Obwohl eine Breitseite der zehn 35,6 cm-Geschütze der
Schlachtschiffe der *King George V*-Klasse etwa 100 kg
schwerer als eine der acht 38 cm-Geschütze der *Bismarck*
war, war diese ca. 6700 t größer und standfester gebaut.
Außerdem war *Prince of Wales* als neues Schiff erst 2 Mo-
nate zuvor zur Flotte getreten und hatte noch so große
technische Schwierigkeiten mit den Türmen der Hauptartillerie, daß sich noch Garantie- und Werftpersonal an
Bord befand. Was *Hood* betrifft, 20 Jahre lang der Stolz
der britischen Flotte und theoretisch 3 Knoten schneller als
Bismarck, lief sie jetzt maximal nur noch 29,5 kn. Obwohl
ihre Artillerie der des deutschen Schiffes ähnlich und ihr
Gürtelpanzer nur etwa 1 cm dünner war, bestand er doch
nicht aus einem gleich harten Stahl und schützte auch nicht
einen so großen Teil des Schiffskörpers. In der Theorie
konnte der Gürtelpanzer keines der beiden Schiffe einem
direkten Treffer einer 38 cm-Granate standhalten. Der
Vorteil für *Bismarck* lag jedoch in ihrem bereits beschrie-
benen Horizontalschutz. Auf Grund der vielen zusätzli-
chen Einbauten seit Kriegsbeginn hatte sich der Tiefgang
von *Hood* gegenüber dem Konstruktionstiefgang um fast
einen Meter vergrößert und dadurch ihre Höchstverdrängung von 45 200 ts auf 48 360 ts erhöht. Ein Umbau zum
Zwecke der Verbesserung ihres horizontalen und vertika-
len Schutzes war zwar geplant, aber bisher nicht durch-
geführt worden. Tatsächlich war sie ein altes Schiff.

Die erste Nachricht vom Auslaufen der deutschen Schiffe
erhielt die Admiralität am 20. Mai vom britischen Marine-
attaché in Stockholm, nachdem sie von dem schwedischen
Kreuzer *Gotland,* der zu Übungen im Skagerrak war, gesichtet, aber nicht identifiziert worden waren. Als die
Nachricht die Admiralität und Admiral Tovey erreichte,
gingen beide von der Annahme aus, daß eines der gesichte-
ten Schiffe die *Bismarck* sei. Intensive deutsche Flieger-
tätigkeit im Gebiet zwischen Jan Mayen und Grönland
und häufige Luftaufklärung über Scapa Flow während der
vorangegangenen 10 Tage hatten bereits darauf hingewiesen, daß irgend etwas im Gange war, woraufhin die Kreu-
zerbewachung in den Passagen östlich und westlich Islands
eingerichtet worden war. Nun wurden geeignete Vorbereitungen getroffen, um das Abfangen der feindlichen
Schiffe bei einem Ausbruchversuch in den Atlantik sicherzustellen. Die Admiralität erreichte, daß das Coastal Command der Royal Air Force die Luftaufklärung im Gebiet
Shetlands-Norwegen auf größtmögliche Stärke brachte
und stellte dem Oberbefehlshaber der Home Fleet den
Flugzeugträger *Victorious* und den Schlachtkreuzer *Repulse* zur Verfügung. *Victorious,* die als Teil der Sicherung
des Truppen-Konvois WS. 8 B nach Gibraltar und dem
Mittleren Osten vorgesehen war, lag in Scapa Flow und
nahm Flugzeuge an Bord. Sie war wie *Prince of Wales* ein
neues Schiff und noch nicht voll einsatzbereit. Die 25 Jahre
alte *Repulse* lag als Teil desselben Geleits im Clyde. Admi-

ral Tovey ließ seinerseits die *Suffolk* sich zur Unterstützung der *Norfolk* in der Dänemarkstraße bereithalten, *Birmingham* und *Manchester* zur Brennstoffergänzung in den Skaalfjord einlaufen und danach unverzüglich ihren Bewachungsdienst wiederaufnehmen. *Arethusa* in Hvalfjord stellte er zur Verfügung von Rear-Admiral W. F. Wake-Walter, Befehlshaber des Ersten Kreuzergeschwaders auf *Norfolk*. Er ließ den Kommandanten der *Victorious*, Captain H. C. Bovell, zu sich kommen und fragte ihn nach der Einsatzbereitschaft seines Schiffes. Er erfuhr, daß sich 48 Hurricane-Flugzeuge, in Kisten verpackt, an Bord befanden, die nach Ägypten gebracht werden sollten, und daß infolgedessen der Flugzeugbestand auf 9 Aufklärungs- und Torpedoflugzeuge vom Typ Fairey Swordfish und 6 Jagdflugzeuge vom Typ Fulmar herabgesetzt worden war. Admiral Tovey sagt in seinem Bericht, daß er letztere gern durch die mit Albacores ausgerüstete 828. Squadron ersetzt hätte. Diese hatte er nach Sumburgh auf den Shetlands entsandt, um die feindlichen Schiffe etwa auf der Höhe von Bergen anzugreifen. Als jedoch die Nachricht vom Auslaufen des Gegners eintraf, war es dazu bereits zu spät. Nach einer Diskussion mit Captain Bovell und den Offizieren seines Fliegerstabes entschied er, daß das Schiff trotz seines nicht ausreichenden Ausbildungsstandes dennoch von so großem Wert war, daß man es nicht zurücklassen dürfte.

Am 21. Mai sichtete ein Flugzeug des Coastal Command, das die südwestliche Küste Norwegens aufklärte, um 13.15 Uhr zwei deutsche Kriegsschiffe vor Anker im Korsfjord, einige Seemeilen südlich Bergen. Obwohl der Pilot in seiner Meldung vorsichtig nur von zwei Kreuzern der *Hipper*-Klasse sprach, bestand nach Auswertung der von ihnen gemachten Fotos kein Zweifel, daß eines von ihnen die *Bismarck* war. Admiral Tovey wurde hiervon sofort in Kenntnis gesetzt. Er befahl Vice-Admiral L. E. Holland auf seinem Flaggschiff *Hood,* zusammen mit dem Schlachtschiff *Prince of Wales* mit Sicherung durch sechs Zerstörer (*Electra, Echo, Anthony, Icarus, Achates* und *Antelope)* Scapa Flow zu verlassen und nach Hvalfjord, Island, zu gehen, so daß er in der Lage war, die Kreuzer in der Bewachung beiderseits Islands zu unterstützen. Um Mitternacht liefen die Schiffe aus. In der Morgendämmerung des nächsten Tages griffen 6 Whitley- und 6 Hudson-Flugzeuge des Coastal Command die vor Anker liegenden deutschen Schiffe an. Das Wetter war schlecht und die Sicht gering, so daß nur 2 Flugzeuge den Fjord überhaupt fanden; sie warfen ihre panzerbrechenden Bomben in der Hoffnung auf einen Zufallstreffer, aber ohne Erfolg.

Während des ganzen Tages wurde trotz sich ständig verschlechternder Wetterbedingungen Aufklärung vor der norwegischen Küste geflogen und dazu rücksichtslos jedes verfügbare Flugzeug des nordöstlichen Bereiches herangezogen. Die Sicht war jedoch so schlecht, daß nicht festgestellt werden konnte, ob sich die Schiffe noch im Fjord befanden oder nicht. Ein am Abend unternommener Versuch, die Schiffe durch 18 Bomber des Bomber Command der Royal Air Force anzugreifen, schlug ebenfalls fehl. Die Küste war von Nebel verhüllt, und nur zwei Maschinen erreichten das Zielgebiet, konnten aber überhaupt nichts ausmachen. Die deutschen Schiffe waren tatsächlich auch kurz vor diesem vergeblichen Angriffsversuch ausgelaufen, und das Aufblitzen der explodierenden Bomben ließ Admiral Lütjens glauben, sein Auslaufen sei unbemerkt geblieben.

Kapitel 2: Auslaufen der Home Fleet

Admiral Tovey wartete gespannt auf weitere Meldungen über die feindlichen Schiffe, doch blieb, wie bereits erwähnt, bei dem herrschenden Wetter die Luftaufklärung ergebnislos. Die Deutschen waren aber in gleicher Weise behindert, Informationen über die Bewegungen britischer Schiffe zu erlangen. Einem deutschen Fernaufklärer, der an diesem Tage Scapa Flow überflog, entging das Fehlen von *Hood* und *Prince of Wales*. Die Annahme, daß sie noch im Hafen lägen, bestärkte Lütjens in seinem Glauben, daß sein Auslaufen unbemerkt geblieben war. Nachdem fast 24 Stunden seit der letzten Sichtung der deutschen Schiffe vergangen waren, befahl der Kommandant der Royal Naval Air Station in Hatston auf den Orkneys, Captain H. St. J. Fancourt, eine zweimotorige Maryland, die normalerweise zu Zielübungen benutzt wurde, startklar zu machen. Sie wurde mit Lieutenant-Commander N. E. Goddard als Flugzeugführer, Commander G. A. Rotherham als Beobachter und einem Funker und Heckschützen besetzt, die aus einer großen Zahl Freiwilliger ausgesucht wurden. Obwohl die Zeit drängte, mußte ein sorgfältiger Flugplan ausgearbeitet werden, um zu bestimmen, wo Norwegens Küste überflogen werden und in welcher Höhe der Anflug erfolgen sollte, um ein Erfassen durch Ortungsgeräte des Gegners und seine Jäger, von denen man eine große Zahl in diesem Gebiet vermutete, zu vermeiden. Um 16.00 Uhr war alles fertig, und eine halbe Stunde später startete die Maschine. Sie konnte die Küste bei ziemlich guter Sicht erreichen. Ein Einsehen des Korsfjordes zeigte, daß der Ankerplatz leer war, und nach Überfliegen Bergens, wo schweres Flakfeuer einsetzte, wurde die Nachricht vom Auslaufen des Gegners abgesetzt. Sie erreichte Admiral Tovey um 19.00 Uhr. Nach Landung der Maschine auf den Shetlands wurde sie um 19.15 Uhr bestätigt. Der Oberbefehlshaber gab den in Scapa Flow anwesenden Schiffen den Befehl zum Seeklarmachen und zur Auslaufbereitschaft um 22.00 Uhr. Vice-Admiral Holland befahl er durch Funkspruch, mit seinem Verband nicht den Hvalfjord anzulaufen, sondern eine Position als Rückhalt für die Bewachung der Dänemarkstraße und der Island/Faröer-Passage zu besetzen und dabei nördlich 62° Nordbreite zu operieren. Er befahl *Suffolk*, sich der *Norfolk* in der Überwachung anzuschließen und ließ sie zu einer Zeit auslaufen, daß sie zwecks Brennstoffersparnis erst zum frühestmöglichen Zeitpunkt in der Dänemarkstraße ankam, zu dem die *Bismarck* dort eintreffen konnte. *Arethusa* sollte *Birmingham* und *Manchester* in der Island/Faröer-Passage unterstützen. Schließlich befahl er dem Schlachtkreuzer *Repulse,* am nächsten Morgen um 07.00 Uhr bei Butt of Lewis [1] zu ihm zu stoßen.

Um 23.00 Uhr verließ Admiral Tovey mit seinem Flagg-
schiff *King George V* in Begleitung der Kreuzer *Galatea,*
Aurora, Kenya, Hermione und der Zerstörer *Inglefield*
(mit dem Flottl. Chef), *Intrepid, Active, Punjabi, Nestor,*
Windsor und *Lance* Scapa Flow nach Westen durch den
Pentland Firth. *Lance* mußte nach kurzer Zeit wegen einer
Kesselstörung umkehren.

DER DEUTSCHE OPERATIONSBEFEHL

Admiral Lütjens' Befehle waren klar. Er sollte den feindlichen Nachschubverkehr im Atlantik nördlich des Äqua-
tors angreifen. Die Dauer der Unternehmung war seinem
Ermessen überlassen. Er sollte durch den Großen Belt, das
Skagerrak und das Nordmeer in den Atlantik auslaufen
und möglichst unbemerkt durchbrechen. Selbst wenn der
Durchbruch bemerkt wurde, blieb der obengenannte Auftrag unverändert. Er sollte jedoch das Eingehen von Risiken, die den Erfolg des Unternehmens in Frage stellen
könnten, und Gefechte mit überlegenen oder gleichstarken
Schiffen vermeiden. Wenn sich ein solches Gefecht jedoch
als unausweichlich herausstellte, sollte es unter vollem Einsatz durchgekämpft werden. Diese Anweisungen unter-
schieden sich in einem wesentlichen Punkt von denen, die
er bei seiner Führung der Schlachtkreuzer bei ihrer vorangegangenen Unternehmung erhalten hatte – sie ließen Angriffe auf gesicherte Geleitzüge zu, sofern deren Sicherung

¹ Nordspitze der nördlichsten Insel der Äußeren Hebriden.

nicht aus mehreren Schiffen bestand, die zusammen als der *Bismarck* überlegen betrachtet werden konnten. Der Admiral wurde darauf hingewiesen, daß die hellen Nächte eine zusätzliche Schwierigkeit für das Gelingen eines unbemerkten Durchbruchs bilden würden, daß jedoch die schlechte Sicht, die entlang der Eisgrenze in der Dänemarkstraße zu erwarten war, einen Faktor zu seinen Gunsten darstellte. Obgleich sowohl in der Island-Faröer-Passage als auch in der Dänemarkstraße mit feindlicher Bewachung zu rechnen war, gab es bestimmte Anzeichen, daß diese Schiffe noch nicht mit Radareinrichtungen ausgestattet waren.

DIE BEWEGUNGEN VON *BISMARCK* UND *PRINZ EUGEN*

Bismarck und *Prinz Eugen* verließen Gotenhafen am Abend des 18. Mai, gesichert von Minensuchern, Flugzeugen und Zerstörern. Sie passierten ohne besondere Ereignisse den Großen Belt und das Skagerrak und erreichten Kristiansand-Süd am Abend des 20. Mai. Die Bildaufklärung von Scapa Flow zeigte, daß die Home Fleet im Hafen lag, und eine Luftaufklärung der Dänemarkstraße ergab, wenn sie auch durch schlechte Sicht behindert war, daß die Eisgrenze 70–80 Seemeilen vom Nordkap (Island) lag. So bestand eine freie Durchfahrt von 20–30 Seemeilen zwischen dieser und den britischen Minensperren. Am 21. Mai liefen die beiden Schiffe um 9.00 Uhr in den Korsfjord ein, wo sie Brennstoff ergänzten und wo sie, wie bereits erwähnt, von einem britischen Aufklärungsflugzeug gesichtet wurden. Die Schiffe selbst bemerkten dieses Flugzeug nicht, und nur durch einen britischen Funkspruch, der von der Funkaufklärung an diesem Vormittag mitgehört wurde, erfuhr die deutsche Seekriegsleitung, daß die Bewegung der Schiffe von den Engländern erkannt worden war. Sie verließen den Korsfjord um 23.00 Uhr im Geleit von drei Zerstörern, die vor Drontheim entlassen wurden, und liefen weiter nordwärts, bis sie $65°30'$ N-Breite erreichten. Nun wurde Kurs nach Westen geändert, um nördlich Island zu passieren und den Eingang der Dänemarkstraße am 23. Mai etwa gegen 7.00 Uhr zu erreichen. Obwohl Admiral Lütjens davon in Kenntnis gesetzt worden war, daß der Gegner die Anwesenheit seiner Schiffe im Korsfjord erkannte hatte, blieb er bezüglich seiner Aussichten, die britische Bewachungslinie unbemerkt zu durchbrechen, optimistisch, zumal der Bordmeteorologe Nebel vorhergesagt hatte, und gerade diesen wünschte er. Er hatte sich entschlossen, entgegen dem Rat der Gruppe Nord die Dänemarkstraße zu benutzen, denn er hoffte, daß sie ihm bessere Möglichkeit zum Ungesehenbleiben bieten würde. Während sich Raeder bei Hitler gerade dafür verwendete, die Schiffe nicht zurückzurufen, liefen diese in der Nacht vom 22. zum 23. Mai abgeblendet mit 25 kn nach Westen.

DAS SICHTEN DES VERBANDES

Für Admiral Tovey war die Situation voller Ungewißheiten, die mit jeder Stunde, die ohne neue Nachrichten über den feindlichen Verband verstrich, zunahmen. Das

Wetter verhinderte weiterhin eine Aufklärung vor der norwegischen Küste. Während des Tageslichtes überwachten jedoch ständig Sunderland-Flugboote und Hudson-Flugzeuge die Island/Faröer- und auch die Faröer/Shetland-Passage trotz starken Gegenwindes, Regenschauern, niedriger Wolken und Nebelfelder. Zwei Catalina-Flugboote, die zur Überwachung der Dänemarkstraße entsandt worden waren, mußten wegen ständigen schweren Regens und starker Bewölkung bis auf 100 Meter hinunter umkehren.

Sobald die *Repulse* im Geleit der Zerstörer *Legion, Saguenay* und *Assiniboine* am 23. 5. um 7.10 Uhr zum Verband gestoßen war, ließ Admiral Tovey den Kurs seines Verbandes auf Nordwest ändern, um auf eine Position zu gehen, die die Südansteuerung der Faröer/Island-Passage abdeckte. Damit hatte er seine Flotte nunmehr so verteilt, daß sie beide möglichen Wege, auf denen der Gegner den Durchbruch in den Atlantik versuchen könnte, abdeckte. Da er aber keine Kenntnis hatte, zu welchem Zeitpunkt dieser den Korsfjord verlassen hatte, wurde das ohnehin große Gebiet, in dem er stehen konnte, mit jeder Stunde, die verging, immer größer. Das Wetter verhinderte noch immer eine Luftaufklärung, und bei den vorherrschend schlechten Sichtverhältnissen und den wenigen Kräften, die er für den Aufklärungsdienst einsetzen konnte, waren seine Chancen, den Gegner zu finden, alles andere als gut. Es war immer möglich, daß er sich in der Annahme, sein Auslaufen aus dem Korsfjord sei erkannt worden, zunächst in eine Wartestellung nördlich des Polarkreises abgesetzt hatte, bis er damit rechnen konnte, daß einige der auf ihn angesetzten Schiffe zur Brennstoffergänzung in den Hafen zurückkehren müßten. Für diese Möglichkeit sprach in den Erwägungen von Admiral Tovey sehr viel. Nachdem am 23. Mai *Suffolk* zu ihm gestoßen war, hatte Rear-Admiral Wake-Walker ihr die Anweisung erteilt, die Eisgrenze bis hinauf zu den Minensperren aufzuklären und dann in Radar-Reichweite zur Eisgrenze auf nordöstlichen und südwestlichen Kursen in dreistündigem Turnus auf- und abzustehen, und zwar so, daß sie am südlichen Endpunkt um 22.00 Uhr und dann in Abständen von 6 Stunden stehen würde. Wenn die Sicht nach Land zu

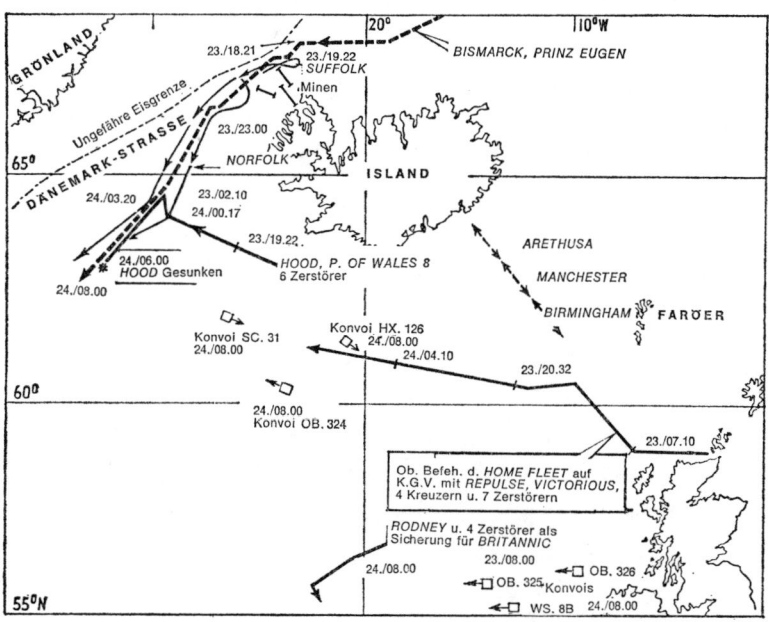

Skizze 1: *Unternehmen »Rheinübung«, 23. Mai 1941. Das Sichten der Bismarck*

klar blieb, würde sich *Norfolk* im Abstand von 15 Meilen östlich von ihr halten. Sollte sich die Sicht jedoch verschlechtern und das Schiff dichter unter Land gehen müssen, sollten sich beide Schiffe am nächsten Tag um 13.00 Uhr auf einer bestimmten Position treffen, um ihre Bewegungen wieder zu koordinieren. Tatsächlich waren die Wetterbedingungen in der Dänemarkstraße am Nachmittag des 23. Mai ungewöhnlich. Über dem Packeis und den angrenzenden etwa 10 Meilen freien Wassers war es klar, der Rest der Dänemarkstraße bis hin zur isländischen Küste lag dagegen in dichtem Nebel. Daher lief *Suffolk,* als sie die Grenze der Minensperren erreicht hatte, weiter nach Osten, als es sonst ratsam gewesen wäre und hielt sich dabei dicht an der Nebelgrenze, um im Notfall schnell verschwinden zu können.

Am Mittag dieses Tages begann für *Bismarck* und *Prinz Eugen* der riskanteste Teil ihrer Fahrt, als sie Kurs änderten, um zwischen der Eisgrenze und den Minensperren vor der Nordwestküste Islands durchzubrechen. Das oben beschriebene Wetter war ganz und gar nicht das, was Admiral Lütjens nach seinen Informationen anzutreffen hoffte. Um 19.00 Uhr erreichten die beiden Schiffe den engsten Teil des Fahrwassers und könnten durchaus das Gefühl bekommen haben, das Glück wäre auf ihrer Seite. Zweiundzwanzig Minuten später jedoch meldete ein Ausguck der *Suffolk,* der den Achteraussektor absuchte, zwei Schiffe in einer Peilung von 20°, Entfernung 7 Seemeilen. Die *Suffolk* hatte nach Aufklärung der Eisgrenze gerade nach Südwest gedreht. Ein schneller Blick durch die Doppelgläser bestätigte die Anwesenheit der *Bismarck* und eines zweiten, ähnlich aussehenden Schiffes auf Südwestkurs. Der Kommandant der *Suffolk*, Captain R. M. Ellis, ging sofort auf Höchstfahrt und drehte auf eine Sperrlücke zu. Er suchte Schutz im Nebel, bis die feindlichen Schiffe vorbeigelaufen waren. Gleichzeitig gab er eine Feindsichtmeldung ab.

AUSLAUFBEFEHL FÜR DIE KAMPFGRUPPE H

Die Nachricht, daß die beiden feindlichen Schiffe mit Kurs in den Atlantik gesichtet worden waren, vergrößerte die Besorgnis der Admiralität um die Sicherheit der elf britischen Konvois, die sich dort in See befanden, darunter der Truppentransport mit der Bezeichnung WS. 8 B, der mit fünf Schiffen den Clyde am 21. Mai verlassen hatte, und den *Victorious* und *Repulse* bei seiner Fahrt in den Mittleren Osten hatten sichern sollen. Er hatte jetzt nur ein Geleit von zwei Kreuzern und acht Zerstörern. Am 24. Mai um 05.00 Uhr erhielt daher Vice-Admiral Sir James Somerville, Befehlshaber der Kampfgruppe H in Gibraltar, den Befehl, nach Norden auszulaufen und diesen Konvoi zu sichern. Die Kampfgruppe H bestand aus dem modernisierten Schlachtkreuzer *Renown* als Flaggschiff, dem Flugzeugträger *Ark Royal*, dem leichten Kreuzer *Sheffield* und den Zerstörern *Faulknor*, *Foresight*, *Forester*, *Foxhound*, *Fury* und *Hesperus*. Obwohl *Renown* es mit *Bismarck* in keiner Weise aufnehmen konnte, sollte dieser Verband eine wesentliche Rolle spielen.

Als das Coastal Command Nachricht vom Sichten der
deutschen Schiffe erhielt, wurden von Island aus ein Sunderland-Flugboot und ein Hudson-Aufklärungsflugzeug
entsandt, um beim Fühlunghalten Hilfe zu leisten. Die
Hudson konnte sie nicht finden und kehrte um, während
das Flugboot die ganze Nacht durchhielt, obwohl es die
Suffolk erst am nächsten Morgen sichtete. Der Kreuzer
war gerade mit einem Radargerät vom Typ 284 ausgerüstet worden (siehe Anhang II), das zwar schwenkbar
war, aber achteraus einen blinden Sektor hatte. Andernfalls hätte er wahrscheinlich *Bismarck* früher erfaßt, als es
tatsächlich geschah. Sobald die feindlichen Schiffe vorausgelaufen waren und in vorlicher Peilung standen, ging
Captain Ellis in Position, um an ihnen Fühlung zu halten.
Eine Stunde später stieß *Norfolk* hinzu, die zur Zeit des
Sichtens etwa 15 Seemeilen entfernt im Südwesten gestanden hatte. Das Kreuzer-Flaggschiff war mit einem Radargerät vom Typ 286 P ausgerüstet, das zwei feste Antennen
hatte und daher nur Entfernungen in einer vorlichen Richtung messen konnte. Beim Heranschließen hatte sie weniger
Glück als die *Suffolk*. *Bismarck* hatte inzwischen die Impulse der Radar-Ausstrahlungen von *Suffolk* aufgenommen und war auf der Hut. Als *Norfolk* um 20.30 Uhr in
einer Entfernung von etwa 6 Meilen aus dem Nebel heraustrat, wurde sie mit fünf Salven der schweren Artillerie
des Schlachtschiffes begrüßt und war gezwungen, sich
schleunigst wieder zurückzuziehen. Glücklicherweise wur-

de sie nicht getroffen und setzte eine Sichtmeldung mit der Uhrzeit 20.32 ab. Die feindlichen Schiffe hielten sich dicht an der Eisgrenze und zwangen so die *Suffolk*, sich mehr oder weniger recht achteraus von ihnen zu halten. Daher nahm *Norfolk* eine Stellung backbord achteraus von ihnen ein und verließ sich auf ein Mitkoppeln der regelmäßigen Meldungen der *Suffolk*, das sie auf irgendwelche plötzlichen Kurs- und Fahrtänderungen des Gegners frühzeitig aufmerksam machen würde. Obwohl die deutschen Schiffe Such-Funkmeßgeräte, DT-Geräte genannt, besaßen, hatten sie kein genaues Artillerie-Leitgerät und konnten daher die Fühlunghalter nicht mit radargelenktem blindem Feuer abschütteln. Als Admiral Lütjens das Sichten seiner Schiffe bemerkte, ging er mit der Fahrt auf 28 kn hinauf, offenbar in der Hoffnung, seinen Verfolgern davonlaufen zu können, und befahl *Prinz Eugen*, Stellung voraus von *Bismarck* einzunehmen und so das Schußfeld für deren achtere Geschütztürme freizumachen, falls die Fühlunghalter zu nahe herankommen sollten. Der deutsche Bericht über die Unternehmung bringt die Überraschung zum Ausdruck, die die Feststellung bewirkte, daß die britischen Schiffe mit »ausgezeichnet funktionierenden Funkmeßgeräten« ausgerüstet waren, was, wie gesagt wird, »von ausschlaggebender Bedeutung für den weiteren Verlauf des Unternehmens« gewesen ist und die Schiffe des Vorteils einer Ausnutzung der schlechten Sichtverhältnisse beraubte.

Obwohl die Admiralität die Feindsichtmeldung der *Suffolk* erhielt, blieb Admiral Tovey bis zum Erhalt der Sichtmeldung der *Norfolk* von 20.32 Uhr hiervon in Unkenntnis. Vice-Admiral Holland hatte jedoch eine der Meldungen der *Suffolk* von 19.39 Uhr erhalten, nach der die Schiffe des Gegners etwa 300 Meilen nördlich von ihm in einer Peilung von 5° standen. Er war daher in einer sehr günstigen Position, um sie abzuschneiden, wenn sie den südwestlichen Kurs beibehielten. Um 20.54 Uhr befahl er daher seinem Verband Fahrtvermehrung auf 27 kn und einen Kurs von 295°, der ihm nach seiner Schätzung erlauben würde, in den frühen Morgenstunden des 24. Mai mit ihnen in Feindberührung zu kommen. Der ständige Eingang von Meldungen der Fühlung haltenden Kreuzer machte es möglich, die Bewegungen des Gegners zu koppeln und kleine Kurskorrekturen vorzunehmen, um es zu einer Zeit und in einer Peilung zum Gefecht kommen zu lassen, die für die britischen Schiffe günstig waren. Wegen der bekannt schwachen Deckspanzerung von *Hood* war es zwingend, so schnell wie möglich auf eine Entfernung heranzukommen, bei der die Flugbahn der gegnerischen 38 cm-Granaten nahezu horizontal verlief, d. h. bis auf etwa 120 Hektometer. *Prince of Wales* andererseits hatte nicht nur einen Gürtelpanzer von 380 mm, sondern auch ein Panzerdeck von 150 mm Stärke und wurde bis auf eine Entfernung von etwa 130 hm herunter für sicher gegen tödliche Treffer gehalten. Es war schwer, die gegensätzlichen Anforderungen eines alten Schlachtkreuzers und eines neuen Schlachtschiffes in Einklang zu bringen, aber als Ausgleich entschied sich der Admiral für ein Anlaufen im spitzen Winkel aus vorlicher Richtung von *Bismarck*. Dies würde eine rasche Entfernungsabnahme ergeben und

42

ein Führen des Gefechtes auf verhältnismäßig geringe Entfernung möglich machen. Kurz vor Mitternacht blieben die Fühlunghaltermeldungen der Kreuzer plötzlich aus. Die deutschen Schiffe und ihre Verfolger waren in einen Schneesturm geraten. Er brachte starke Störungen auf den Radarschirmen mit sich und rief im Zwielicht einer Polarnacht im Mai seltsame Spiegelungseffekte hervor. Die Kreuzerkommandanten waren sich darüber klar, daß der Feind sich jederzeit zum Kehrtmachen entschließen konnte, und daß sie von seiner schweren Artillerie in die Luft geblasen werden würden, wenn sie nicht sofort darauf reagierten. Als daher die Ausgucks auf *Suffolk* so etwas wie den dunklen Schatten eines auf sie zuliegenden Schiffes bemerkten, drehte Captain Ellis sofort mit Hartruder auf Gegenkurs. Als er merkte, daß er sich geirrt hatte und zurückdrehte, um die Jagd wieder aufzunehmen, war er so weit achteraus gefallen, daß der Radarkontakt abgerissen war. Er brauchte drei Stunden, um ihn wiederzugewinnen. Auch *Norfolk* hatte die Fühlung verloren, und das plötzliche Ausbleiben von Informationen scheint Vice-Admiral Holland zu der Annahme gebracht zu haben, die Schiffe des Gegners hätten energische Maßnahmen getroffen, um ihre Fühlunghalter abzuschütteln, entweder durch Kehrtmachen, um wieder in die Dänemarkstraße einzulaufen, oder durch eine stärkere Kursänderung nach Süden oder Südosten. Um 23.59 Uhr ging er daher mit seinem Verband auf Nordkurs und verminderte die Fahrt auf 25 kn. Welches seine genauen Beweggründe für diese Kursänderung waren, wird man nie wissen. Es gibt einige Hinweise für die Annahme, daß er mit einem Nachtgefecht rechnete, denn er übermittelte um 00.15 Uhr einen Signalspruch, daß ab 01.40 Uhr jederzeit mit Feindberührung zu rechnen sei, und befahl für seine Schiffe Herstellen der Gefechtsbereitschaft. Er muß sich jedoch darüber klar gewesen sein, daß er sich, wenn der Gegner mit dem zuletzt gemeldeten Kurs und mit gleicher Fahrt weiterlief, in eine taktisch nachteilige Position bringen würde; denn so erlaubte er ihm, in der Peilung weit vorauszukommen, obwohl er wußte, daß seine Schiffe keinen ausreichenden Fahrtüberschuß besaßen, um wieder aufdampfen zu können. Es ist natürlich auch möglich, daß das Koppeln von *Bismarck* auf *Hood* sie weiter ab und weiter östlich stehend ergab als es der Fall war, da zu dieser Zeit keine Gelegenheit zum Besteckvergleich mit *Norfolk* und *Suffolk* bestand.

Um 00.31 Uhr ließ Admiral Holland seinen Verband wissen, daß er, falls die Schiffe des Gegners bis 02.10 Uhr nicht in Sicht gekommen seien, wahrscheinlich auf Südkurs (180°) gehen würde, bis die Kreuzer wieder Fühlung gewonnen hätten, und ferner, daß er die Absicht hätte, mit beiden Schiffen *Bismarck* unter Feuer zu nehmen und *Prinz Eugen* den Kreuzern zu überlassen. Admiral Wake-Walker wurde jedoch nicht von der Rolle in Kenntnis gesetzt, die er in dem bevorstehenden Gefecht erwartungsgemäß spielen sollte. Der erste Fingerzeig für die Anwesenheit von Admiral Hollands Verband in seiner Nähe war für ihn tatsächlich, daß er um 04.45 Uhr einen Funkspruch des Zerstörers *Icarus* empfing, mit dem dieser seine Position und die von *Achates* meldete, und aus dem sich

ergab, daß sie etwas achteraus von *Norfolk* standen. Um
01.47 Uhr wies Admiral Holland seine Zerstörer an, die
Suche nach Norden fortzusetzen, falls die Schlachtkreuzer
(sic) um 02.05 Uhr Kurs auf 200° ändern würden. Es waren jetzt nur noch vier, nachdem *Anthony* und *Antelope*
am 23. 5. um 14.00 Uhr zur Brennstoffergänzung nach
Island entlassen worden waren.

Als um 02.03 Uhr die kurze Polarnacht anzubrechen begann und keine weiteren Meldungen über den Gegner eingegangen waren, ging der Verband auf Kurs 200°, ungefähr parallel zu dem zuletzt gemeldeten Kurs des Gegners.
Zur gleichen Zeit gab der Admiral *Prince of Wales* Anweisung, das Artillerie-Radargerät vom Typ 284 zur
Feindsuche einzuschalten, der, was ihm noch unbekannt
war, zu dieser Zeit 35 Meilen entfernt im Nordwesten
stand. Als Captain Leach um Erlaubnis bat, statt dessen
das Radar-Suchgerät Typ 281 zu benutzen, weil das Artil-
leriegerät recht achteraus einen toten Winkel hatte, wurde
diese verweigert aus Gründen, die nur schwer zu mutma-
ßen sind. Es kann geschehen sein, weil das Rundum-Such-
gerät vom Typ 281 mehr Gefahr für ein Erfassen und
Einpeilen bedeutete als der schärfer gebündelte Richtstrahl
des Typs 284. Dieses letztere Gerät arbeitete außerdem
auf einer Wellenlänge von 50 cm und damit einer viel
höheren Frequenz als irgendein zu dieser Zeit von den
Deutschen benutztes Gerät.

So plötzlich, wie sie sie verloren hatte, gewann *Suffolk* um
02.47 Uhr wieder Fühlung an *Bismarck* und begann nun
wieder, eine Reihe von Fühlunghalter-Meldungen abzuge-

ben. Diese zusammen mit Einpeilungen der Kreuzer mittels Funkpeiler von *Prince of Wales* müßten *Hood* in die Lage gesetzt haben, die Position, Kurs und Fahrt der feindlichen Schiffe genau zu ermitteln, was gezeigt hätte, daß sie noch immer mit 28 kn Südsüdwestkurs steuerten. Dies müßte Admiral Holland, wenn er es nicht bereits erkannt hatte, deutlich gemacht haben, daß er so viel von seiner vorlichen Stellung zum Gegner verloren hatte, daß ein Anlaufen mit spitzer Lage jetzt unmöglich war. Die Sache wurde sogar noch schlechter, als Admiral Lütjens um 03.20 Uhr getreu seinem Grundsatz, sich dicht an der Eisgrenze zu halten, Kurs nach Westen auf 230° änderte und damit den britischen Verband in eine Peilung nur 15° vorlicher als querab, Entfernung 25 Meilen, brachte, wenn ihm seine Gegenwart zu dieser Zeit auch noch nicht bekannt war. Hätte Admiral Holland vierzig oder fünfzig Meilen voraus von seinem Gegner gestanden, hätte er diese unerwartete Kursänderung auf seiten des Gegners vielleicht noch hinnehmen können; jetzt war es aber zu spät, insbesondere, da es anscheinend einige Zeit dauerte, bis sie erkannt wurde. Erst um 03.40 Uhr ging Admiral Holland entsprechend mit seinem Verband auf Kurs 240° und vermehrte um 03.53 Uhr die Fahrt auf 28 kn. Die beiden Verbände liefen nun mit hoher Fahrt und leicht konvergierenden Kursen nebeneinander her. Um 04.30 Uhr hatte die Sicht auf etwa 12 Meilen zugenommen, und zehn Minuten später erhielt *Prince of Wales* Befehl, ihr Walrus-Amphibienflugzeug startklar zu machen. Wasser im Treibstoff verursachte eine Verzögerung, so daß es nicht rechtzeitig klar wurde und, nachdem es später während des Gefechts durch Splitter beschädigt worden war, über Bord geschleudert wurde. Um 05.10 Uhr war auf beiden Schiffen sofortige Gefechtsbereitschaft hergestellt, und um 05.35 Uhr meldete *Prince of Wales:* »Feind in Sicht, Entfernung 17 Meilen«, als Admiral Holland gerade den Signalbefehl zu einer Wendung beider Schiffe um 40 Grad nach Steuerbord (280°) ausführen ließ, um die Entfernung zu verringern. Vier Minuten später stellte er *Prince of Wales* in einer Kompaßpeilung von 80° auf, d. h. in einer Steuerbord achteraus-Staffel von 20° ungefähr rechtwinklig zur Gegnerpeilung. Um 05.30 Uhr hatten *Bismarck* und *Prinz Eugen* den Rauch von zwei Schiffen im Süd-Süd-Osten unter der Kimm gesichtet und stellten die Gefechtsbereitschaft her.

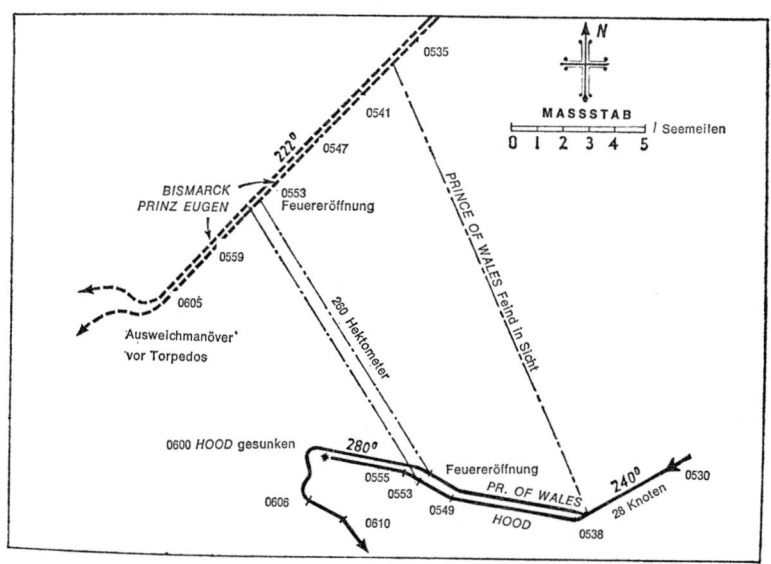

Skizze 2: *HOOD* und *PRINCE OF WALES* mit *BISMARCK* und *PRINZ EUGEN* am 24. Mai

Kapitel 3: Gefecht und Gegenstoß

Admiral Holland befahl um 05.49 Uhr seinen beiden Schiffen eine Wendung um 20° nach Steuerbord, womit sie auf Kurs 300° gingen. Ferner befahl er Feuervereinigung auf das linke feindliche Schiff, das er irrtümlich für *Bismarck* hielt, da er von der Ähnlichkeit der Silhouetten beider Schiffe getäuscht wurde. Glücklicherweise bemerkte der Artillerieoffizier von *Prince of Wales* diesen Fehler und richtete aus eigener Initiative wenige Sekunden vor dem Feuereröffnen die Geschütze seines Schiffes auf *Bismarck*. Auch Admiral Holland erkannte kurz darauf seinen Irrtum und befahl »Zielwechsel rechts«, doch scheint dieser Befehl den Artillerieoffizier von *Hood* nicht erreicht zu haben. Um 5.52 Uhr eröffnete *Hood* das Feuer auf eine geschätzte Entfernung von 250 Hektometer, eine halbe Minute später folgte *Prince of Wales*. Durch die 20°-Wendung auf den Gegner zu, die die britischen Schiffe unmittelbar vor dem Feuereröffnen ausführten, wurde ihr Bestreichungswinkel verringert, das soll heißen, daß die achteren Türme beider Schiffe nicht weit genug nach voraus geschwenkt werden konnten, um gegen das Ziel zum

Bismarck und *Prinz Eugen* bei gemeinsamen Übungen im Mai 1941.

Admiral Hipper, ein Schwesterschiff von *Prinz Eugen*, in einem norwegischen Fjord.

Oben: Das Rätsel über den Verbleib der *Bismarck* wurde durch diese Luftaufnahme eines Aufklärers des Coastal Command gelöst. Sie zeigt das Schiff im Fjord, kurz bevor es zu seiner ersten und letzten Unternehmung Anker lichtete, bei der es von der britischen Royal Navy schließlich versenkt werden sollte.

Rechts: *Prinz Eugen* und die Sicherungs-Zerstörer wurden im Hjelte-Fjord festgestellt.

Links: Admiral Lütjens besichtigt die Besatzung von *Prinz Eugen*.

Großadmiral Erich Raeder, Oberbefehlshaber der Kriegsmarine.

Admiral Lütjens, der Flottenchef, der die
Unternehmung »Rheinübung« führte.

Ein Bordflugzeug von *Prinz Eugen*, eine Arado 196, wird startklar gemacht.

Tragen zu kommen. Dies bedeutete, daß während einer kritischen Phase nur vier der acht 38 cm-Geschütze von *Hood* und sechs von *Prince of Wales'* zehn 35,6 cm-Geschützen am Gefecht teilnahmen. Um den Nachteil voll zu machen, konnte ein Geschütz von *Prince of Wales* nur einen Schuß feuern, weil danach die Ladevorrichtung ausfiel. Demgegenüber konnten die deutschen Schiffe, für die der Gegner gerade etwas vorlicher als querab war, ohne ein derartiges Handicap ihre vollen Breitseiten gegen ihn zum Tragen bringen, als beide um 05.55 Uhr das Feuer eröffneten und auf *Hood* vereinigten. Die Entfernung nahm sehr schnell ab. Im gleichen Augenblick, in dem die deutschen Schiffe das Feuer eröffneten, befahl Admiral Holland eine Wendung nach Backbord um 20°, um die achteren Türme aus dem toten Winkel zu bringen. Bei der Ausführung dieses Befehls hatte *Prince of Wales* gerade die neunte Salve geschossen, nachdem sie mit der sechsten bei *Bismarck* deckend gelegen hatte. Die erste Salve von *Bismarck* hatte vor, die zweite hinter *Hood* gelegen und die dritte sie eingedeckt. *Prinz Eugen* hatte sich inzwischen durch die schnellere Salvenfolge der 20,3 cm-Geschütze eingeschossen. Es wird angenommen, daß eine der Granaten auf *Hood* ein Feuer in der U.P.-Bereitschaftsmunition hervorrief (*U*nrotated *P*rojectile, zur Flugabwehr bestimmte Drahtraketen, siehe Anhang II), von der 10 Tonnen in dünnen Stahlkästen gelagert waren. Der größte Teil davon befand sich auf dem Bootsdeck und war bei der kurzen Überholung des Schiffes in Devonport im April 1940 an Bord gegeben worden. Zur Fliegerabwehr bewährten sich diese Raketen nicht und wurden später aus der Flotte zurückgezogen. Eine so große Menge ungenügend geschützter Explosivstoffe an so exponierter Stelle forderte aber ein Unglück geradezu heraus. Das Feuer breitete sich rasch weiter nach vorn aus. Ob es aber zu der folgenden Katastrophe beigetragen hat, wird nie zu klären sein, doch ist das unwahrscheinlich.

Um 06.00 Uhr hatte Admiral Holland ein Signal setzen lassen, mit dem er seinen Schiffen eine weitere Wendung um 20° nach Backbord befahl. *Hood* hatte gerade eine Vollsalve geschossen, *Bismarck* ihre fünfte, als entsetzte Beobachter auf *Prince of Wales* eine große Stichflamme aus dem Achterschiff der *Hood* hochschießen sahen, der eine gewaltige Explosion folgte, die das Schiff in zwei Teile zerriß, wobei eine große Zahl von Trümmerteilen in die Luft flog. Bug und Heck richteten sich auf und versanken, von Rauch verhüllt, langsam in der See. Es dauerte nur Minuten, und alles, was von dem berühmten Schlachtkreuzer verblieb, der in der Royal Navy nur als die »mighty Hood« bezeichnet wurde, war eine Menge Wrackteile. Von der aus 1418 Mann bestehenden Besatzung überlebten nur drei. Deren Rettung nach anderthalb Stunden soll weiter unten beschrieben werden. Ein weiterer stummer Augenzeuge des Unglücks war das Sunderland-Flugboot von Island, dem es unmittelbar vor Beginn des Gefechtes schließlich gelungen war, Verbindung mit *Suffolk* herzustellen. Nachdem er die Explosion der *Hood* gesehen hatte, flog der Flugzeugführer näher an *Bismarck* heran, um sie zu identifizieren, dabei geriet er in schweres Flak-Feuer, konnte jedoch feststellen, daß sie als Anzeichen einer erhaltenen Beschädigung jetzt eine breite Ölspur hinterließ. Die Maschine stieß gerade früh genug aus der Wolkendeckung hervor, um den Bug von *Hood* untergehen zu sehen. Als er die Stelle wenige Augenblicke danach überflog, sah er in der Mitte eines großen Ölflecks nur ein leeres, rotes Rettungsfloß, umgeben von Trümmerteilen. Was die genaue Ursache der Explosion war, die zur Vernichtung der *Hood* führte, kann nur vermutet werden, doch scheint eine Granate eine ihrer Munitionskammern getroffen zu haben. In einem Brief an die *Times* vom 26. Mai 1941 stellte der ehemalige Admiral of the Fleet Lord Chatfield, der als Erster Seelord und Chef des Admiralstabes von 1933 bis 1938 beharrlich aber vergeblich versucht hatte, die jeweils im Amte befindlichen Regierungen von der Notwendigkeit eines Modernisierungsplanes für die veralteten Großkampfschiffe der britischen Flotte zu überzeugen, und der daher aus einer starken Position die Katastrophe kommentieren konnte, folgende fünf Punkte heraus:

1. *Hood* war nicht das kampfkräftigste Großkampfschiff auf allen Meeren. Es war sicher das größte, doch es war 22 Jahre vor *Bismarck* gebaut worden. In diesen 22 Jahren hatten technische Entwicklung und Leistungsgewichte sich in kaum vorstellbarem Maße verändert.

2. Es kann nicht zu Recht behauptet werden, daß »das Schiff durch einen unglücklichen Zufallstreffer vernichtet« wurde. Außer den Munitionskammern unterhalb der Türme der schweren Artillerie besitzt ein Groß-

schiff noch zahlreiche weitere. Wenn daher eine Granate die Panzerung des Schiffes unter dem Einfallwinkel durchschlägt, der bei großer Gefechtsentfernung gegeben ist, ist die Wahrscheinlichkeit, daß dadurch eine Munitionskammer zur Explosion gebracht wird, ziemlich groß.

3. *Hood* war das stärkste Schiff, das seinerzeit mit dieser Geschwindigkeit konstruiert werden konnte. Nach dem Kriege war aber die Marine nach vielen Versuchen zu der Ansicht gekommen, daß ein sehr schnelles Schiff es sich nicht leisten konnte, Panzerung zu opfern, um diese Geschwindigkeit zu erreichen.

4. Bei der *Nelson*-Klasse war auf Geschwindigkeit verzichtet worden, um Schutz gegen plötzliche Vernichtung durch Artillerie-, Torpedo- oder Bombentreffer zu gewinnen.

5. Seit dem Bau der *Nelson* hatte moderne Schiff- und Maschinenbaukunst die Kluft zwischen den beiden Faktoren zu schließen vermocht.

Er zog daraus den Schluß:

»*Hood* wurde zerstört, weil sie gegen ein Schiff kämpfen mußte, das um 22 Jahre moderner als sie selbst war.«

Captain Leach auf *Prince of Wales* mußte mit seinem Schiff hart nach Steuerbord drehen, um vom Wrack der *Hood* klarzukommen. Bis dahin hatte er im wesentlichen ungestört auf *Bismarck* gefeuert. Nun verlegte dieses jedoch das Feuer der schweren und Mittelartillerie schnell und genau auf das zweite Schiff, das sie für *King George V* hielt. Das war nun bald von hohen Aufschlagsäulen umgeben, die dem Artillerieoffizier des britischen Schlachtschiffes Schwierigkeiten bei der Beobachtung der eigenen Aufschläge bereiteten. Es dauerte nur eine Minute, bis eine 38 cm-Granate die Brückenaufbauten traf, sie verwüstete und alle außer Captain Leach und seinem Obersignalmeister tötete oder verwundete. Beide waren jedoch für einige Zeit betäubt. Glücklicherweise krepierte die Granate erst beim Austritt auf der abgelegenen Seite der Brückenaufbauten. Während der nächsten Minuten erhielt *Prince of Wales* sechs weitere Treffer, drei von 38 cm- und drei von 20,3 cm-Granaten. Einer der ersteren traf den steuerbordvorderen Leitstand der Mittelartillerie und setzte ihn außer Gefecht, ein weiterer den Flugzeugkran; er zerstörte beide Tragflächen des Flugzeuges, dessen Rumpf sofort über Bord katapultiert wurde. Der dritte durchschlug die Bordwand unterhalb der Wasserlinie, ging durch mehrere Schotte und blieb als Blindgänger neben einem Dieselkraftwerk liegen. Zwei 20,3 cm-Granaten trafen achtern in der Wasserlinie und verursachten einen starken Wassereinbruch, während die dritte in einen Munitionsbeladeraum der Mittelartillerie einschlug, glücklicherweise wiederum als Blindgänger. Die andauernden Kinderkrankheiten, unter denen die Hauptartillerie des Schiffes während des ganzes Gefechtes gelitten hatte, fingen nun an, seine Feuerkraft ernstlich zu beeinträchtigen. Eine Salve wurde meist nur mit drei statt fünf Schuß geschossen. Das Garantiepersonal, das sich noch an Bord befand, tat unter den völlig unvorhergesehenen Bedingungen, mit denen es konfrontiert wurde, sein Äußerstes, um die Geschütze feuerklar zu halten, hatte aber nur teilweise Erfolg. Die Entfernung hatte inzwischen auf 145 Hektometer abgenommen, und da Salvenfolge und Schießgenauigkeit des Gegners offenbar unbeeinträchtigt waren, entschied sich Captain Leach um 06.13 Uhr, das Gefecht abzubrechen und unter Schwarzqualmen abzudrehen. Er änderte den Kurs auf 160°. Während der Drehung blockierte der Granat-Ringwagen des achteren Vierlingsturmes, der noch auf Bismarck feuerte, und erst um 07.20 Uhr waren zwei Geschütze wieder klar. Bei den beiden anderen dauerte es noch eine weitere Stunde, bis sie wieder geladen werden konnten. Captain Leach gab drei Hauptgründe für das Abbrechen des Gefechtes an:

a) die mechanischen Störungen, die die schwere Artillerie an der Entfaltung ihrer vollen Feuerkraft hinderten;

b) sein Schiff hatte gerade erst einen eben ausreichenden Stand der Einsatzbereitschaft erreicht, um an Flottenunternehmungen teilzunehmen;

c) die Wahrscheinlichkeit, daß später eine entscheidende Kräfteversammlung erreicht werden könnte.

Er fuhr fort, daß er es nicht für eine kluge Taktik gehalten habe, weiterhin mit einem einzelnen Schiff gegen zwei deutsche ein Gefecht zu führen, die beide, wie zu erwarten war, auf dem Höhepunkt ihrer Leistungsfähigkeit waren. Auf Grund der erhaltenen Beschädigungen hatte *Prince of Wales* 400 ts Wasser im Schiff, und ihre Geschwindigkeit war auf 27 kn herabgesetzt. Rear-Admiral Wake-Walker, der nunmehr die Führung des Verbandes übernommen hatte, billigte die Handlungsweise Captain Leach's voll und ganz. Um 06.30 Uhr teilte er seinen Entschluß mit, Fühlung zu halten, und gab *Prince of Wales* Befehl, den Abstand auf 10 Seemeilen zu vergrößern und in einer Peilung von 110° zu folgen, so daß er sich im Falle eines Angriffes auf sie zurückziehen konnte. Um 06.37 Uhr befahl er den Zerstörern *Electra*, *Echo*, *Icarus* und *Achates*, nach Überlebenden der *Hood* zu suchen. Sie standen auf Grund des Entschlusses Admiral Holland's, sie bei seiner Wendung auf Südkurs zu entlassen, 30 Seemeilen nördlich des Gefechtsfeldes und erreichten die Untergangsstelle von *Hood* erst um 07.45 Uhr. Einen dramatischen Bericht über die Rettung der nur drei Überlebenden enthält das Buch »HMS Electra«, ein Schiff, dessen Kriegsschicksal einzigartig in der Seekriegsgeschichte ist. Nach einer Beschreibung, wie das Schiff in der Erwartung, Hunderte von Überlebenden in Booten, auf Flößen und im Wasser schwimmend anzutreffen, nach Süden gejagt sei, wird berichtet, wie das Brückenpersonal »ganz plötzlich, in der langrollenden Dünung, einen riesigen Ölfleck voraus, ein wirres Durcheinander kleiner Wrackteile« sichtete, »... *und das war alles.* Weit ab an Steuerbord sichteten wir drei Männer – zwei schwimmend, den dritten auf einem Floß. Aber in dem schneidend kalten Wasser um sie herum gab es kein weiteres Anzeichen von Leben.«[1] Nach Bergung der drei Männer, von denen einer ein Fähnrich war, suchten *Electra* und die anderen Zerstörer das Gebiet noch bis 09.00 Uhr

---

[1] Lieutenant Commander T. J. Cain: »*HMS Electra*«, nach seinem Bericht an A. V. Sellwood. F. Muller Ltd., 1959.

ab, nahmen dann Kurs auf Hvalfjord und liefen dort am gleichen Abend um 20.00 Uhr ein.

Bismarck versuchte nicht, das Gefecht fortzusetzen. Sie hatte von *Prince of Wales'* Artillerie zwei schwere und einen geringfügigen Treffer erhalten. Einer war in die Abteilungen XIII–XIV eingeschlagen, hatte das E-Werk 4 außer Betrieb gesetzt und ein kleines Leck im Kesselraum 2 verursacht. Der andere erfolgte in den Abteilungen XX/ XXI, durchschlug einen Heizölbunker und führte zum Austreten einer beträchtlichen Ölmenge wie auch zur Verunreinigung des Brennstoffs in den angrenzenden Bunkern. Fünf Mann wurden verwundet, und die Fahrt des Schiffes wurde auf 28 kn herabgesetzt. *Prinz Eugen,* vermutlich das Ziel von *Hood* während ihrer kurzen Teilnahme am Gefecht, war unbeschädigt geblieben. Admiral Lütjens stand nun vor einer schweren Entscheidung. Er konnte entweder das Gefecht mit dem Risiko weiterer Beschädigungen fortsetzen oder versuchen, zurück durch die Dänemarkstraße zu gehen in der Hoffnung, einen deutschen Hafen zu erreichen. Als Alternative hierzu konnte er den Marsch in den Atlantik in der Hoffnung fortsetzen, seine Fühlunghalter abzuschütteln, und dann einen Hafen an der Westküste Frankreichs anlaufen, wobei er zu bedenken hatte, daß es nur in St. Nazaire ein Trockendock gab, das groß genug war, um *Bismarck* aufzunehmen. Er entschied sich offensichtlich für die zweite Möglichkeit und setzte um 09.01 Uhr einen entsprechenden Funkspruch an die Gruppe West ab, mit dem er zugleich die erhaltenen Beschädigungen seines Flaggschiffes meldete. Raeder brachte seine volle Übereinstimmung mit der Entscheidung zum Ausdruck und verteidigte standhaft die Handlungsweise von Lütjens, als er am 6. Juni Hitler über das tragische Ende des Unternehmens Bericht erstattete. Hitler andererseits kritisierte ihn, daß er das Gefecht nicht fortgesetzt und *Prince of Wales* endgültig vernichtet hätte. Ein deutscher Historiker schrieb hierzu:

»Hätte er auch nur den leisesten Verdacht gehabt, daß sein Ziel *Prince of Wales* war, die sich noch im Erprobungsverhältnis befand, mit einer völlig unerfahrenen Besatzung und noch mit einigem Werftpersonal an Bord, das sich um die Beseitigung technischer Störungen bemühte, so hätte er ihr Entkommen kaum zugelassen.«[2]

Sei dem, wie ihm wolle, und selbst wenn, wie ein anderer Autor erwähnt,[3] Kapitän z. See Lindemann mit der Entscheidung seines Admirals nicht übereingestimmt hat, obwohl er ebenso annahm, im Gefecht mit *King George V* gestanden zu haben, müssen alle diese Überlegungen Spekulation bleiben, denn es hat niemand überlebt, der von den Gedanken des Admirals Kenntnis hatte.

Als die Nachricht vom Verlust der *Hood* die Admiralität erreichte, wurde eine Reihe von Dispositionen für mögliche Entwicklungen getroffen. Um 01.20 Uhr am 24. Mai erhielten die Kreuzer *Manchester*, *Birmingham* und *Arethusa* Befehl, beschleunigt einen Vorpostenstreifen vor

---

[2] Fregattenkapitän (später Kapitän zur See) Gerhard Bidlingmaier: »Erfolg und Ende des Schlachtschiffes *Bismarck*«, Wehrwissenschaftliche Rundschau, Heft 9/1959.

[3] Edward P. von der Porten: »Die deutsche Kriegsmarine im 2. Weltkrieg«, Motorbuch-Verlag, Stuttgart, 1975, S. 193.

Langanaes, der nordöstlichen Spitze Islands, zu bilden. Das Schlachtschiff *Rodney*, das mit 4 Zerstörern das nach Westen gehende Passagierschiff *Britannic* geleitete, erhielt um 10.22 Uhr den Befehl, einen Zerstörer bei der *Britannic* zu lassen und mit Westkurs auf den Gegner zuzuhalten. *Eskimo* wurde für diese Aufgabe abgeteilt, und *Somali*, *Tartar* und *Mashona* blieben bei *Rodney*. Diese war nach Boston/USA zu dringend erforderlichen Überholungen unterwegs und hatte eine Reihe von Offizieren und Mannschaften an Bord, darunter einige Fälle von Detonationsschock und andere Verwundete, die für kanadische Hospitäler bestimmt waren. An Deck führte sie in Kisten Ersatzteile mit, die für die Überholung benötigt wurden, darunter in zwei besonders großen je eine achtrohrige Pom-Pom-Flak-Lafette. Seit über zwei Jahren hatte das Schiff keine Werftliegezeit mehr gehabt und Hauptturbinen wie Kessel wiesen auf Grund von längere Zeit gelaufenen hohen Fahrtstufen in den ersten Kriegsmonaten viele Leckagen auf. Trotz aller dieser Mängel sollte das Schiff aber bei den kommenden Ereignissen noch eine sehr wichtige Rolle spielen.

Das Schlachtschiff *Ramillies*, das bei einem ostwärts gehenden Geleit stand, erhielt um 11.44 Uhr Befehl, sich westlich der feindlichen Schiffe zu halten, die man zu diesem Zeitpunkt 900 Seemeilen nördlich von ihm vermutete. Das Schlachtschiff *Revenge* in Halifax erhielt schließlich um 19.17 Uhr Auslaufbefehl und sollte die Position des Gegners ansteuern. Einen gleichen Befehl hatte um 12.50 Uhr der Kreuzer *Edinburgh*, der zur Aufklärung

im Mittelatlantik stand, erhalten, um die Fühlunghalter
abzulösen.

Den ganzen Vormittag des 24. Mai lief *Bismarck* in süd-
westlicher Richtung weiter und versuchte durch häufige
Kursänderungen ständig, die hartnäckigen britischen Kreuzer abzuschütteln. Die Sicht wechselte zwischen zwei und
siebzehn Seemeilen. *Suffolk* behielt jedoch mit Hilfe ihres
Radars ihre Position steuerbord achteraus vom Gegner bei
und hinderte ihn so an einem unbemerkten Durchbruch
und Umkehr entlang der Eisgrenze. *Norfolk* und *Prince of
Wales* blieben auf ihrer Position backbord achteraus. Um
13.20 Uhr änderte *Bismarck* Kurs nach Süden und ging
mit der Fahrt auf 24 kn herunter. Das war eine willkom-
mene Nachricht für Admiral Tovey, der bisher befürchtet
hatte, die gegnerischen Schiffe würden Kurs nach Westen
ändern, um vor Grönland mit einem Tanker zusammen-
zutreffen, wo in der Tat, ohne daß er es wußte, zwei Tanker 120 und 200 Seemeilen südlich Kap Farewell auf Wartestellung standen. Der Oberbefehlshaber kannte auch den
Umfang der Schäden nicht, die *Bismarck* bei dem Gefecht
davongetragen hatte, und wußte nur, daß sie eine merk-
liche Ölspur hinter sich ließ. Es bestand natürlich die Möglichkeit, daß Admiral Lütjens die britischen Schiffe auf
eine Aufstellung einiger Uboote zog, doch war unwahrscheinlich, daß er von der Anwesenheit weiterer britischer
schwerer Einheiten in diesem Seegebiet Kenntnis hatte. Die
Chancen für ein Abschneiden durch *King George V* hatten
sich jetzt sehr verbessert, doch war es wichtig, die Geschwindigkeit der *Bismarck* herabzusetzen, um sie be-

stimmt zum Gefecht zu stellen. Um 14.40 Uhr entließ Admiral Tovey Rear-Admiral A. T. B. Curteis, den Befehlshaber des 2. Kreuzergeschwaders an Bord seines Flaggschiffs, des leichten Kreuzers *Galatea*, mit dem Flugzeugträger *Victorious* und den Kreuzern *Aurora*, *Kenya* und *Hermione* mit dem Befehl, so bald wie möglich auf 100 Seemeilen an *Bismarck* heranzuschließen und einen Torpedo- und Bombenangriff auf sie anzusetzen. Er rechnete damit, daß er mit *Bismarck*, falls diese auf dem derzeitigen Kurs mit der gleichen Fahrt weiterlaufen würde, etwa am 25. Mai gegen 09.00 Uhr Feindberührung haben würde, eine halbe Stunde nach Sonnenaufgang, wenn das Licht ein Herankommen von Osten begünstigen würde.

Um 15.35 Uhr sichtete ein Catalina-Flugboot, das in Sichtweite der *Norfolk* war, die *Bismarck*, offensichtlich ohne selbst bemerkt zu werden, und meldete das Schlachtschiff im Kielwasser von *Prinz Eugen* etwa 15 Meilen voraus. Etwa zu dieser Zeit machte Admiral Lütjens seinen ersten Versuch, *Prinz Eugen* zu entlassen, das schlug jedoch fehl, und die Schiffe trafen wieder zusammen. Um 17.11 Uhr befahl Admiral Wake-Walker *Prince of Wales*, sich vor *Norfolk* zu setzen in der Absicht, die Fahrt des Gegners durch einen Angriff von achtern herabzusetzen. Um 18.09 Uhr befahl er *Suffolk*, auf 5 Meilen heranzuschließen. Sein Plan wurde jedoch vom Gegner vereitelt. Gegen 18.30 Uhr verhüllte ein Regenschauer die beiden deutschen Schiffe und Admiral Lütjens nahm diese günstige Gelegenheit zu einem zweiten Versuch wahr, *Prinz Eugen* zu entlassen. Um 18.39 Uhr ließ er *Bismarck* auf Gegenkurs gehen und auf die Fühlunghalter zudrehen. Zu diesem Zeitpunkt stand *Suffolk* 13 Meilen nördlich von ihr und war glücklicherweise auf einen solchen Schritt vorbereitet. Sie drehte mit Hartruder und ging auf Gegenkurs, der gerade anlag, als *Bismarck* aus dem Dunst herauskam und auf sie das Feuer eröffnete. Die Schüsse lagen kurz, wenn auch zwei Naheinschläge Nieten in der Bordwand im Achterschiff ausreißen ließen. *Suffolk* qualmte schwarz und eröffnete das Feuer. Hierbei erhielt sie auf große Entfernung Feuerunterstützung von *Norfolk* und *Prince of Wales*, wo erneut zwei Rohre ausfielen. Nachdem der Zweck erreicht war, brach *Bismarck* das Gefecht ab und drehte ab nach Westen, um später wieder auf Südkurs zu gehen.

Die deutsche Seekriegsleitung hatte für die Dauer der Unternehmung Rheinübung alle Ubootoperationen gegen die Schiffahrt ausgesetzt, falls Uboote zur Zusammenarbeit mit den Überwasserschiffen benötigt werden würden, und ein erfahrener Uboot-Offizier war dem Stabe Admiral Lütjens' beigegeben worden. Vermutlich auf seinen Rat hatte der Admiral den Ubooten eine Aufstellung 340 Meilen südlich von Kap Farewell (Grönland) für die Morgendämmerung des 25. Mai befohlen in der Hoffnung, seine hartnäckigen Fühlunghalter über diese Aufstellung ziehen zu können. Die Gruppe West hatte ferner vorgeschlagen, daß er sich mit dem Schiff in ein abgelegenes Gebiet absetzen und einige Zeit abwartend verhalten solle. Der Admiral scheint aber beide Pläne verworfen zu haben, nachdem er festgestellt hatte, wie ernst der Brennstoffverlust auf Grund der während des Gefechts erhaltenen Beschädigungen war. Jedenfalls schien es unmöglich, seinen Verfolgern zu entkommen, und so teilte er um 20.56 Uhr durch Funkspruch mit, daß er auf Grund der Brennstofflage direkt Brest ansteuere.

Inzwischen hatte Rear-Admiral Curteis um 15.09 Uhr die Führung der ihm zugewiesenen Schiffe übernommen und lief, indem er sich vom Oberbefehlshaber trennte, mit 28 kn ab, um seine Anweisungen auszuführen. Er hoffte, gegen 21.00 Uhr in einer Position zu sein, von der aus er einen Angriff gegen das feindliche Schlachtschiff fliegen lassen konnte. Obwohl der Navigationsoffizier der *Galatea* um 20.00 Uhr ein astronomisches Besteck bekommen hatte, war jedoch ein Standortvergleich zwischen seinem Verband und den Fühlunghalter-Kreuzern nicht möglich gewesen. Ferner machte das Ablaufen des Schlachtschiffes nach Westen nach seinem Feuerwechsel mit *Prince of Wales* und den beiden Kreuzern bald klar, daß der Verband nicht vor etwa 23.00 Uhr auf 100 Meilen an den Gegner herankommen konnte. Dennoch entschloß sich Admiral Curteis, den Angriffsverband um 22.00 Uhr starten zu lassen, wenn er nach seiner Schätzung etwa 120 Meilen vom Gegner entfernt sein würde. Um 22.08 Uhr ging *Victorious* auf Kurs 300° und mit der Fahrt auf 15 kn, um ihre 9 Swordfish-Torpedoflugzeuge der 825. Squadron zu starten. Jede Maschine trug einen 45 cm-Torpedo mit einer Duplex-Pistole, die Lauftiefe war auf 9,50 m eingestellt. Es herrschte böiges Wetter mit gelegentlichen Regenschauern, frischer Wind aus Nordwest und gute Sicht. Vom Flugdeck aus gesehen stellte sich die Aussicht aber keineswegs ermutigend dar, die See sah düster und abschreckend aus, der Himmel bleiern mit jagenden Wolkenfetzen. Der Verband wurde von Lieutenant-Commander Eugene Esmonde geführt (der später posthum mit dem Victoria-Kreuz für seinen tapferen Angriff auf *Scharnhorst* ausgezeichnet werden sollte). Er ging mit 85 kn auf Kurs 225° und sichtete um 23.30 Uhr *Bismarck* durch eine Wolkenlücke, nachdem er sie schon drei Minuten früher mit Radar aufgefaßt hatte. Dann schlossen sich die Wolken wieder, und das Schiff kam außer Sicht. Ein Kutter der US Coastguard, der sich in der Nähe befand, verursachte einige Verwirrung. Doch mit Hilfe von *Norfolk* konnte das Schlachtschiff wieder gefunden werden. Um 23.50 Uhr stieß der Verband durch die Wolkendecke, um den Angriff zu fliegen. *Bismarck* sichtete die Flugzeuge auf sechs Meilen Entfernung und eröffnete ein schweres Sperrfeuer. Die Angriffe wurden aber von acht der neun Flugzeuge aus allen Richtungen mit großer Tapferkeit ans Ziel gebracht, und sie glaubten, einen Torpedotreffer auf dem Schiff an Steuerbordseite unter der Brücke erzielt zu haben. Dies wird durch den deutschen Bericht bestätigt, doch heißt es, dieser Treffer habe keinen Einfluß auf die Gefechtsbereitschaft des Schiffes gehabt. Das ist richtig, doch scheint es, als hätten die harten Rudermanöver beim Ausweichen vor den Torpedos im Verein mit dem schweren Abwehrfeuer das Leck im Kesselraum 2 weiter aufgerissen. Dieser mußte verlassen werden, und die Geschwindigkeit des Schiffes sank zeitweilig auf 16 kn. Ein Fulmar-Aufklärer, der um 23.00 Uhr gestartet war, beobachtete über dem Schiff eine schwarze Rauchsäule, die ohne Zweifel auf die plötzliche Fahrtverminderung zurückzuführen war, und meldete, daß das Schiff anscheinend Fahrt verloren hätte. Bei der Landung der Torpedoflugzeuge ergaben sich große Schwierigkeiten, da das Anflug-Funkfeuer von *Victorious* ausgefallen war und Scheinwerfer angestellt werden mußten. Um 02.15 Uhr am 25. Mai waren jedoch alle Maschinen bis auf zwei Fulmar wieder an Deck gelandet, und auch die Besatzungen dieser beiden Flugzeuge konnten in der Folge gerettet werden.

DIE FÜHLUNG AN *BISMARCK* GEHT VERLOREN

Für Admiral Tovey war die Meldung eines wahrscheinlichen Treffers auf *Bismarck* sehr willkommen, doch eine Zeitlang sollte ungewiß bleiben, ob er die Geschwindigkeit des Schiffes herabgesetzt hatte oder nicht. Während er auf eine Bestätigung hierfür wartete, trat ein höchst unangenehmes Ereignis ein. Die *Suffolk*, die das bessere Radar-Gerät besaß, hatte um 01.45 Uhr Befehl erhalten, selbständig zu manövrieren, während *Norfolk* und *Prince of Wales* achteraus als Nahdeckung folgten. *Bismarck* steuerte jetzt mit 16 kn Kurs 160°. Um 02.29 Uhr peilte sie 192° in einer Entfernung von 10,5 Seemeilen von *Suffolk*, die Zick-Zack-Kurs von 30° beiderseits des Generalkurses steuerte. Bei jedem Auswärtskurs verlor sie den Radar-Kontakt, stellte ihn jedoch bei jeder Einwärtswendung

An Bord von *Prinz Eugen:* auf der Brücke
werden Peilungen genommen.

Suffolk, der Kreuzer, der *Bismarck* erstmalig sichtete.

Der britische Schlachtkreuzer *Hood*.

Rechte Seite:
Oben und Mitte: *Bismarck* feuert auf *Hood*. Aufgenommen von Bord *Prinz Eugen* am 24. Mai 1941.

Unten: Granateinschlag von *Prince of Wales* im Kielwasser von *Bismarck*.

Bismarck im Gefecht mit *Hood*, aufgenommen von *Prinz Eugen* am 24. Mai 1941.

Treffer und Explosion auf *Hood*. Links *Prince of Wales*. Aufnahme von *Prinz Eugen*. (Links ein Granateinschlag)

Hood fliegt in die Luft, links daneben *Prince of Wales*.

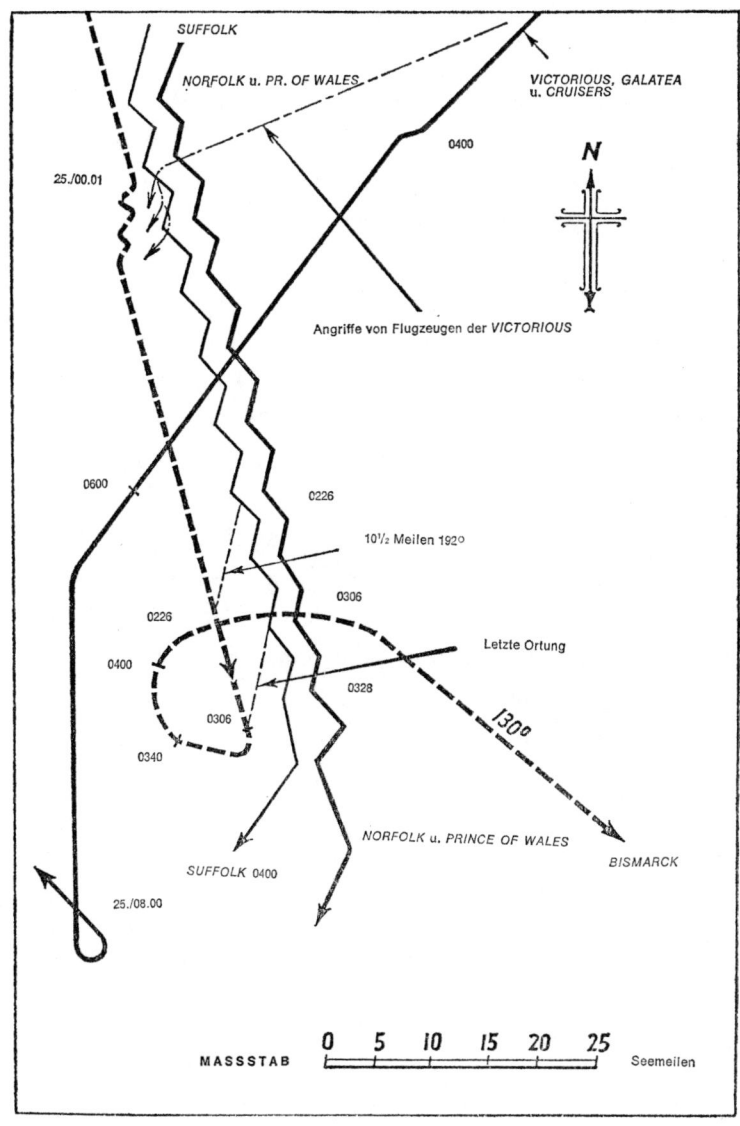

SUFFOLK

NORFOLK u. PR. OF WALES

VICTORIOUS, GALATEA
u. CRUISERS

0400

N

25./00.01

Angriffe von Flugzeugen der VICTORIOUS

0600

0226

10½ Meilen 192°

0306

0226

Letzte Ortung

0400

0328

1300

0306

0340

NORFOLK u. PRINCE OF WALES

BISMARCK

SUFFOLK 0400

25./08.00

MASSSTAB

0   5   10   15   20   25

Seemeilen

Skizze 3
Nach den Angriffen von Torpedoflugzeugen der
VICTORIOUS reißt die Fühlung an BISMARCK ab

wieder her. Dies wiegte die übermüdete Besatzung in übertriebene Selbstsicherheit. Nach einem Kontakt um 03.06 Uhr drehte *Suffolk* ab. Im gleichen Augenblick drehte *Bismarck* hart nach Steuerbord, so daß der Kreuzer, als er nach den üblichen 10 Minuten nach auswärts wieder auf den konvergierenden Kurs drehte, keine Spur des Gegners mehr fand. Um 04.01 Uhr mußte Captain Ellis die unerfreuliche Tatsache zugeben und melden, daß ihm das Schlachtschiff entwischt war; er fügte hinzu, daß er von der Annahme ausginge, daß es auf Westkurs gedreht habe. *Norfolk* selber hatte bereits seit zwei Stunden keinen Kontakt mehr mit *Bismarck* gehabt. Um 05.52 Uhr fragte Admiral Wake-Walker bei Admiral Tovey an, ob *Victorious* bei Morgengrauen Luftaufklärung fliegen lassen könne. Tatsächlich hatte *Bismarck* jedoch einen fast vollständigen Drehkreis von Süd über West und Nord nach Ost gefahren und war schließlich auf einen geraden Kurs von ca. 130° gegangen.

Kapitel 4: Verfolgung

Jede Hoffnung, *Bismarck* am Vormittag des 25. Mai zum Gefecht zu stellen, schwand mit der Meldung, daß die Fühlung verloren war, dahin. Diese erreichte Admiral Tovey um 06.05 Uhr. Er kam zu dem Urteil, daß *Bismarck* eines von drei Dingen tun könnte:

a) Treffen mit einem Tanker, möglicherweise unter der Ostküste Grönlands oder weiter südlich, wie bei den Azoren oder den Kanarischen Inseln;
b) Aufsuchen einer Werft an der Westküste Frankreichs oder evtl. in einem italienischen Hafen im Mittelmeer;
c) Rückkehr nach Deutschland zu Reparaturen.

In Ermangelung weiterer Nachrichten war davon auszugehen, daß ihre Geschwindigkeit unvermindert sei. Da sie dann volle Bewegungsfreiheit hatte, ergab sich ein weites Suchgebiet, wenn alle diese Möglichkeiten abgedeckt werden sollten. Dazu reichten die ihm zur Verfügung stehenden Kräfte keineswegs aus, besonders an Fernaufklärern, an denen zu dieser Zeit ein großer Mangel herrschte. Er mußte sich daher entscheiden, welcher der oben genannten Kurse vom britischchen Standpunkt aus der gefährlichste war. Dies war eindeutig der unter a), denn nach Auffüllen ihrer Brennstoffbunker konnte *Bismarck* mit Angriffen auf die Schifffahrt beginnen, was als Ziel ihres Ausbruches angesehen werden mußte. So entschied er sich, alle Bemühungen auf ein Suchen in dem Gebiet zu konzentrieren, das von Süd über West bis Nordwest vom letzten gemeldeten Standort der *Bismarck* lag. Wie schon erwähnt, hatten die beiden Kreuzer unter Rear-Admiral Wake-Walker diese Maßnahme bereits vorweggenommen. *Suffolk* hatte in Südwestrichtung (230°) mit 25 kn die Suche aufgenommen, während *Norfolk* bei Tagesanbruch nach Westen aufklärte. Um 6.30 Uhr befahl Admiral Tovey Rear-Admiral Curteis, der mit seinem Verband auf die letzte gemeldete Position von *Bismarck* zuhielt, *Victorious* in der Morgendämmerung nach Nordwesten aufklären zu lassen, und seine Kreuzer zu einem Aufklärungsstreifen in dieser Richtung auseinanderzuziehen. Dieser Funkspruch ging um 7.16 Uhr ein, als der Träger gerade Vorbereitungen zu einer Luftaufklärung in östlicher Richtung traf, die um 7.30 Uhr beginnen sollte. Während der Nacht waren bereits 5 Fulmar gestartet, um die Fühlung mit dem Gegner aufrechtzuerhalten, jedoch vergeblich. Zwei dieser Maschinen waren, wie bereits erwähnt, nicht zurückgekehrt, so daß nun für die Aufklärung nur 7 Swordfish zur Verfügung standen. Diese wurden um 8.10 Uhr mit dem Auftrag gestartet, einen Sektor zwischen 280° und 40° bis zu einer Tiefe von 100 sm aufzuklären, um den Anweisungen des Oberbefehlshabers nachzukommen. Der Schlachtkreuzer

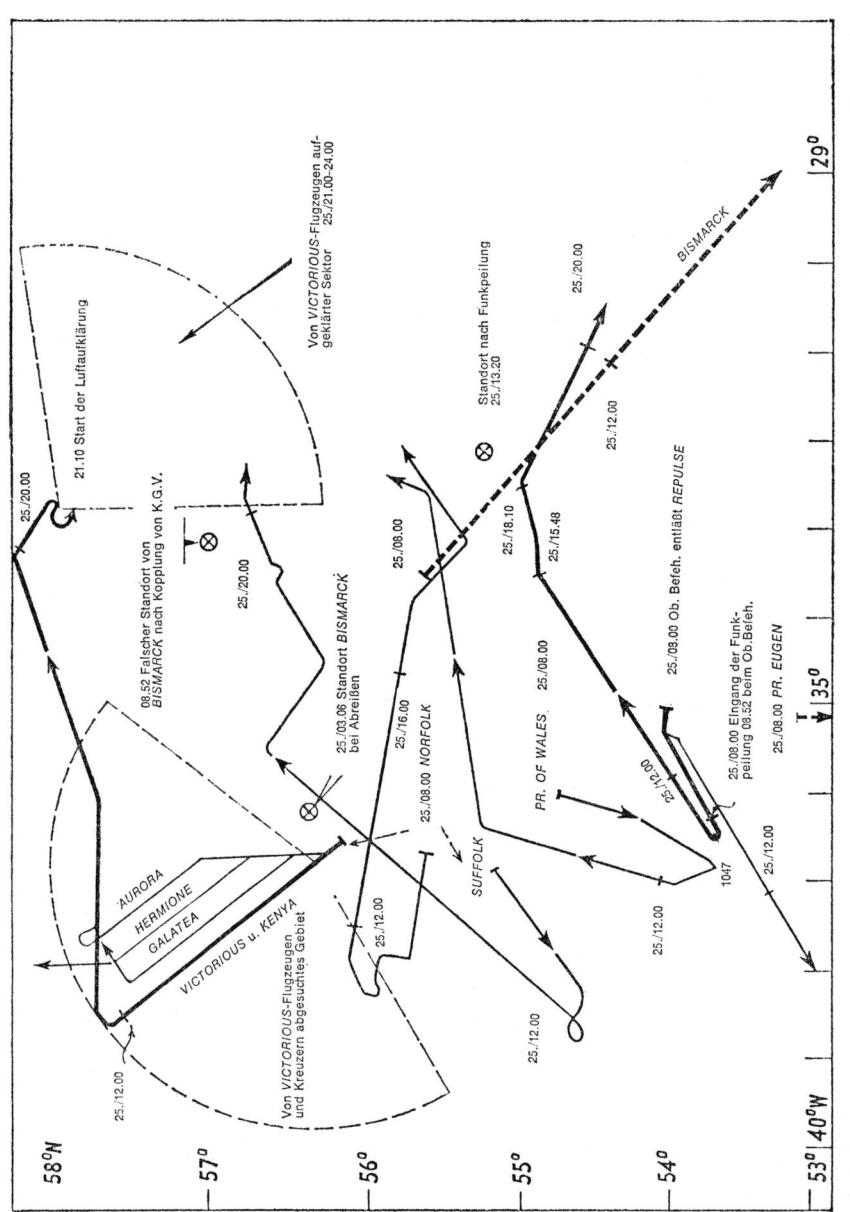

58°N

57°

56°

55°

54°

53°| 40°W

Skizze 4
Kurse der britischen Verbände am 25. Mai von
08.00 bis 20.00 Uhr nach Abreißen der Fühlung an *BISMARCK*

25./20.00

21.10 Start der Luftaufklärung

Von *VICTORIOUS*-Flugzeugen auf-
geklärter Sektor   25./21.00–24.00

08.52 Falscher Standort von
BISMARCK nach Kopplung von K.G.V.

25./20.00

Standort nach Funkpeilung
25./13.20

25./03.06 Standort *BISMARCK*
bei Abreißen

25./20.00

25./08.00

BISMARCK

25./16.00

25./08.00 *NORFOLK*

25./18.10

25./15.48

25./12.00

25./08.00 Ob. Befeh. entläßt *REPULSE*

AURORA

HERMIONE

GALATEA

VICTORIOUS u. *KENYA*

25./12.00

25./08.00 Eingang der Funkpeilung 08.52 beim Ob.Befeh.

25./08.00 *PR. EUGEN*

PR. OF WALES   25./08.00

SUFFOLK

Von *VICTORIOUS*-Flugzeugen
und Kreuzern abgesuchtes Gebiet

25./12.00

25./12.00

1052

1047

25./12.00

35°

25./12.00

29°

Repulse meldete Brennstoffmangel und wurde um 9.00 Uhr von Admiral Tovey nach Neufundland zur Beölung entlassen, sollte aber gleichzeitig auf dem Marsch einen Teil des westlichen Suchsektors aufklären. Um 10.47 Uhr ging dann eine Nachricht ein, die eine völlige Planänderung notwendig machte. Vor deren Betrachtung muß jedoch noch auf die Bewegungen der übrigen im Atlantik stehenden Einheiten eingegangen werden.

Das Schlachtschiff *Rodney*, Captain F. H. G. Dalrymple-Hamilton, das auf Südwestkurs gelegen hatte, um *Bismarck* abzufangen, stand etwa 350 sm südöstlich ihrer letzten gemeldeten Position, als die Meldung vom Abreißen der Fühlung einging. Bei der Feststellung, daß er sich in einer hervorragenden Position befand, um dem gegnerischen Schiff den Weg abzuschneiden, falls es Kurs auf einen französischen oder sogar nordspanischen Hafen nehmen sollte, entschloß sich der Kommandant, in seinem gegenwärtigen Gebiet zu bleiben, bis weitere Nachrichten eintrafen.

Das Schlachtschiff *Ramillies*, Captain A. D. Read, das nur höchstens 19 kn laufen konnte, stand etwa 300 sm südlich der Position, auf der *Bismarck* den Fühlunghaltern entkommen war, und steuerte Nordwestkurs entsprechend den früher erhaltenen Instruktionen. Der Kreuzer *Edinburgh*, Captain C. M. Blackman, 300 sm südöstlich von *Ramillies*, hielt auf die letzte gemeldete Position des Gegners zu und deckte dabei einen Teil des südöstlichen Sektors des möglichen feindlichen Vormarschkurses ab. Noch weiter im Süden suchte der Kreuzer *London*, Captain

R. M. Servaes, nach einem eventuell im Gebiet der Kanarischen Inseln stehenden feindlichen Versorger.

Vice-Admiral Somerville kam mit der Kampfgruppe H mit hoher Fahrt nach Norden und stand am 25. Mai um 13.00 Uhr 320 sm westlich von Kap Finisterre. Er befand sich also in einer günstigen Position, um *Bismarck* abzufangen, falls sie nach Brest gehen sollte oder nach El Ferrol, was er für eine wahrscheinliche Alternative hielt.

An Bord von *Bismarck* war sich Admiral Lütjens um 08.00 Uhr noch nicht bewußt, daß die nachfolgenden Kreuzer die Fühlung verloren hatten, und zwar offensichtlich deshalb, weil noch immer Radar-Impulse empfangen wurden. Dies bedeutete jedoch nicht notwendigerweise, daß das Radarecho den Sender auch wieder erreichte. So ließ Lütjens einen ausführlichen Bericht über das Gefecht mit *Hood* absetzen, dessen Abgabe über dreißig Minuten dauerte. Aufmerksame britische Funkpeilstellen peilten diesen Funkspruch um 08.52 Uhr ein, und die Peilungen ergaben bei der Auswertung, daß sich *Bismarck* weit östlich von ihrem letzten gemeldeten Standort befand. Unglücklicherweise wurden Admiral Tovey anstelle des so ermittelten Standortes nur die vorliegenden Peilwerte übermittelt. Sie wurden in eine Mercator-Karte eingetragen, obgleich durch Peilung erfaßte Funkstrahlen bei ihrer Ausbreitung an der Erdoberfläche dem Großkreis folgen. Die so gewonnene falsche Position ließ *Bismarck* 200 Meilen nördlich ihres tatsächlichen Standortes erscheinen. Hieraus schloß der Oberbefehlshaber, daß sie die Rückkehr nach Deutschland durch die Island/Faröer-Passage versuchte. So änderte er um 10.47 Uhr, kurz nach Entlassung von *Repulse,* den Kurs seines Verbandes auf Nordost und schickte sich zur Verfolgung an. Gleichzeitig gab er allen übrigen Schiffen der Home Fleet Anweisung, ihre Suchkurse entsprechend anzupassen.

Nach Erhalt des Funkspruches vom Oberbefehlshaber ging Rear-Admiral Curteis mit seinen vier Kreuzern auf Ostkurs (85°) und ließ *Victorious* zur Wiederanbordnahme der Flugzeuge zurück, deren Aufklärung nach Nordwesten ergebnislos verlaufen war. Um 11.07 Uhr waren sechs Swordfish gelandet, während eine Maschine vermißt wurde. Nachdem das fehlende Flugzeug eine Zeitlang über Funk gerufen worden war, ging auch der Träger auf Ostkurs und bereitete den Start einer weiteren Aufklärungsgruppe vor. Die anderen Schiffe verhielten sich ähnlich. *Prince of Wales,* die Kurs auf das Flottenflaggschiff gehabt hatte, änderte Kurs auf die Dänemarkstraße; *Ramillies* ging von Nord- auf Ost-Nord-Ost-Kurs, obwohl sie nicht hoffen konnte, das viel schnellere feindliche Schiff einzuholen. Für *Rodney,* die um 11.08 Uhr von der Admiralität Befehl erhalten hatte, bei ihrem Verhalten von der Annahme auszugehen, daß *Bismarck* Brest ansteuere, ergab sich eine ziemlich verzwickte Lage. Um 12.00 Uhr, nachdem die drei Zerstörer, die wegen des schlechten Wetters zurückgeblieben waren, wieder herangeschlossen hatten, nahm sie jedoch einen Kurs von 55° auf. Zweieinhalb Stunden später, um 14.28 Uhr, gab die Admiralität Befehl an *Rodney,* entsprechend dem Funkspruch des Oberbefehlshabers von 10.47 Uhr zu handeln, was sie nun bereits getan hatte. Um 18.05 Uhr wurde dann der Funkspruch von 14.28 Uhr widerrufen und befohlen, bei den weiteren Maßnahmen von der Annahme auszugehen, daß der Gegner einen französischen Hafen ansteuerte. Diese Folge von Funksprüchen spiegelt die Schwierigkeit wider, zu einer Entscheidung hinsichtlich der wahrscheinlichsten Absichten der *Bismarck* zu gelangen. Rear-Admiral Wake-Walker war in seiner eigenen Lagebeurteilung davon überzeugt, daß *Bismarck* Brest ansteuere und entschloß sich daher zu einem Kompromiß, indem er mit 100° etwa Kurs Ost zu Süd hielt, während *Suffolk* Kurs auf Island nahm. Der Kreuzer *Edinburgh,* der offensichtlich zu weit im Süden stand, um bei einer sich jetzt abzeichnenden Verfolgungsjagd noch von Nutzen zu sein, fing an, eine Suchkurve zu fahren für den Fall, daß der Gegner Brest zum Ziel haben sollte.

Admiral Somerville, dessen Kampfgruppe H zwar nicht direkt zur Home Fleet gehörte, hatte jedoch den Funkspruch Admiral Toveys von 10.47 Uhr mitgehört. Jetzt erhielt er einen von der Admiralität mit der Uhrzeitgruppe 11.00 Uhr, der ihm befahl, Brest als Ziel von *Bismarck* anzunehmen. Er änderte Kurs auf 337° und wies *Ark Royal* an, sich zu einer ausgedehnten Luftaufklärung klarzumachen. Inzwischen begannen am gleichen Nachmittag drei Catalina-Flugboote des Coastal Command mit einem Absuchen des Gebietes, das *Bismarck* wahrscheinlich passieren würde. Sie setzten ihre Suche im Schnitt etwas über 20 Stunden lang fort, bekamen den Gegner aber nicht in Sicht, obwohl eines von ihnen in der Nacht ein Kriegsschiff sichtete, es aber nicht identifizieren konnte, weil tiefliegende Wolken den Abwurf eines Leuchtfallschirmes nicht zuließen.

Um 13.20 Uhr erhielt die Admiralität die Einpeilung eines feindlichen Funkspruches, der in Wirklichkeit von einem Uboot abgegeben worden war, das ein Sichten der *Victorious* meldete. Dies schien zu der Annahme zu passen, daß *Bismarck* die französische Küste ansteuerte. Nach der benutzten Wellenlänge hätte vermutet werden können, daß der Funkspruch kaum von *Bismarck* stammen konnte, trotzdem wurde die Information unter Vorbehalt an Admiral Tovey weitergeleitet und erreichte ihn um 15.30 Uhr. Eine Stunde vorher, um 14.28 Uhr, hatte er aber den Funkspruch der Admiralität an *Rodney* mitgelesen, mit der sie angewiesen wurde, daß sie nach seinem Befehl verfahren sollte, nach Nordosten aufzuklären. Deshalb war er im Zweifel, wie die Admiralität die Kursabsichten des Gegners nun wirklich beurteilte. Inzwischen war der Fehler in der Auswertung der Funkpeilung von 08.52 Uhr entdeckt worden, und dies schien im Zusammenhang mit dem soeben erhaltenen Peilergebnis darauf hinzudeuten, daß *Bismarck* keine Rückkehr durch die Island/Faröer-Passage nach Deutschland beabsichtigte. Nach erneutem gründlichen Abwägen der spärlich vorliegenden Informationen entschloß sich Admiral Tovey um 18.10 Uhr zu einer Kursänderung nach Ostsüdosten (118°). Über eine Stunde später teilte die Admiralität um 19.24 Uhr allen Schiffen mit, der Admiralstab sei jetzt zu der begründeten Ansicht gekommen, daß *Bismarck* auf dem Wege zu einem Hafen an der französischen Westküste sei. Auf Grund der falschen Fährte, die Admiral Tovey mehr als sieben Stunden verfolgt hatte, befand sich das gehetzte Wild jetzt 150 Meilen östlich des Flaggschiffes der Home Fleet, es hatte aber noch nahezu 1000 Meilen vor sich.

Admiral Lütjens hatte Grund zu der Annahme, daß er am Ende seinen Verfolgern entkommen war. Er war sich aber darüber im klaren, daß sehr viel Glück dazu gehörte, das Ziel unbehelligt zu erreichen. Der deutsche Admiral hatte Geburtstag, und um 11.52 Uhr sandte ihm Großadmiral Raeder seine Glückwünsche und gab der Hoffnung Ausdruck, daß er »im kommenden Jahre genauso erfolgreich sein möge«. Etwas später sandte ihm Hitler die besten Wünsche. Als er der Besatzung seines Flaggschiffes über die Bordlautsprecheranlage für ihre Glückwünsche dankte, benutzte der Admiral die Gelegenheit zu dem Hinweis, daß das Schwerste noch bevorstehe, da kaum anzunehmen sei, daß die Engländer nicht alles aufbieten würden, um den Verlust von *Hood* zu rächen, und daß es für *Bismarck* noch zu einem Kampf auf Leben und Tod kommen könnte. Nach den Berichten von Überlebenden scheint diese Ansprache bei den jüngeren Besatzungsmitgliedern, die in der Mehrzahl waren, tiefe Niedergeschlagenheit hervorgerufen zu haben und trug nicht zu einer Stärkung des Kampfgeistes bei.

Nach eingehenden Beratungen zwischen dem Oberbefehlshaber des Coastal Commend, Air Chief Marshal Sir Frederick Bowhill – selber ein alter Seemann – und dem Operationsstab der Admiralität wurde entschieden, am 26. Mai tagsüber zwei Streifenaufklärungen, die die Zugänge zur Biscaya überdeckten, durch Catalina-Flugboote mit Zusatztanks fliegen zu lassen. Mit der nördlichen sollten die möglichen Kurse des Gegners zwischen Brest und der Mitte der Bucht, mit der südlichen der übrige Bereich von der Mitte der Biscaya bis Kap Finisterre erfaßt werden. Außerdem wurde aus sechs Ubooten 120 Meilen westlich von Brest eine Standlinie gebildet, die später an diesem Abend nach Süden verlagert wurde, um die Zufahrten nach St. Nazaire einzubeziehen.

In der Nacht vom 25. auf den 26. verschlechterte sich das Wetter erheblich. Der Nordwestwind erreichte Sturmstärke und ließ einen unangenehmen Seegang aufkommen, der das Laufen mit hoher Fahrt noch mehr erschwerte. Die Sichtweite wurde durch heftige Regenschauer zeitweilig verringert, und tiefhängende dunkle Wolken jagten dicht über die aufgewühlte See hin. Obwohl die Admiralität am Vormittag des 25. *Rodney* und *Ramillies* Admiral Tovey unterstellt hatte, wußte dieser nichts Näheres über sie. Erstere hatte seit diesem Vormittag keine Position mehr gemeldet, und an eben diesem Nachmittag war letztere zum Geleit der *Britannic,* die ursprünglich von *Rodney* gesichert worden war, abgezogen worden. Tatsächlich war sich jetzt die Admiralität so unsicher über die Standorte der vielen einzeln im Operationsgebiet stehenden Schiffe, daß sie am 25. um 06.00 Uhr die Herausgabe von Lageberichten eingestellt hatte in der Furcht, sie könnten so ungenau sein, daß sie irreführen würden, obgleich sie sich bisher als sehr wertvoll erwiesen hatten.

Als daher Admiral Tovey am düsteren, stürmischen Morgen des 26. Mai die Lage betrachtete, bot sich ihm ein keineswegs ermutigendes Bild. Die Brennstoffknappheit begann ihm ernste Sorgen zu bereiten. Schon am vorhergehenden Abend hatte er um 22.38 Uhr der Admiralität vorsorglich angekündigt, daß er gezwungen sein könnte, mit der Fahrt herunterzugehen, um Brennstoff zu sparen. Er war inzwischen ohne Zerstörersicherung, da er die sieben dazu vorhandenen Einheiten zur Brennstoffergänzung hatte nach Island entlassen müssen, ebenso wie auch *Prince of Wales*. Nach Beendigung der Tagaufklärung hatten *Victorious* und die vier bei ihr befindlichen Kreuzer das gleiche tun müssen, und außerdem standen keine Zerstörer zur Sicherung des Trägers mehr zur Verfügung. Es schien ihm nun alles von der Kampfgruppe H, die eiligst nach Norden lief, abzuhängen. *Ark Royal* mit ihren erfahrenen, voll ausgebildeten Flugzeugbesatzungen könnte von unschätzbarem Wert sein, um die Fahrt des Gegners herabzusetzen und damit *King George V* in die Lage zu setzen, ihn einzuholen und zum Gefecht zu stellen. Je mehr sich jedoch *Bismarck* der französischen Küste näherte, desto leichter wurde es für deutsche Flugzeuge und Uboote, ihr zu Hilfe zu kommen. Da Admiral Tovey ohne jede Zerstörersicherung war, konnte dies zu einer ernstlichen Gefahr werden.

Unbekannt war ihm, daß am vorhergehenden Tage die Gruppe West Admiral Lütjens unterrichtet hatte, Flugzeuge vom Typ Focke-Wulf 200 würden so weit wie möglich nach Westen aufklären und starke Kampfverbände stünden bereit, um *Bismarck* nach Erreichen von 14° West-länge Luftsicherung zu geben. Sieben Uboote (die Zahl wurde später auf fünf verringert) wurden in einem Vor-postenstreifen 300 Meilen westlich Brest aufgestellt. Am 25. hatte Admiral Tovey um 22.30 Uhr bei der Admirali-tät angefragt, wie es mit der Möglichkeit stände, einige Zerstörer sowohl für *King George V* als auch für *Rodney* zur Verfügung zu stellen. Obwohl ihm bekannt war, daß letztere drei Zerstörer bei sich gehabt hatte, nahm er an, daß auch diese inzwischen zur Brennstoffergänzung hatten entlassen werden müssen. Die Admiralität teilte die Be-sorgnis Admiral Toveys in vollem Umfange und entschloß sich, den Truppentransport-Konvoi WS.8B von seiner Si-cherung von fünf Zerstörern zu entblößen und diese zum Oberbefehlshaber zu schicken. Das war ein kalkuliertes Risiko, das aber unter diesen Umständen vollauf gerecht-fertigt war, denn nach den letzten Erkenntnissen standen keine Uboote in der Nähe dieses Konvois, der sich zu die-sem Zeitpunkt (Mitternacht des 25. zum 26. Mai) nur 240 Meilen südwestlich von *King George V* befand. Die fünf Zerstörer gehörten zur 4. Zerstörer-Flottille, die unter Füh-rung des gefürchteten Captain (später Admiral of the Fleet Sir Philip) Vian auf *Cossack* stand. Es wurde entschieden, daß er mit *Sikh* und *Zulu* zu *King George V, Maori* und der mit polnischer Besatzung fahrende Zerstörer *Piorun* zu *Rodney* gehen sollten. Da das Geleit operativ vom Ober-befehlshaber der Western Approaches geführt wurde, er-hielt dieser Anweisung von der Admiralität, die nötigen Be-fehle zu geben. Es gelang ihm, einen sechsten Zerstörer ausfindig zu machen, *Jupiter*, der gerade zu Übungen in der Irischen See war. Auch er erhielt Anweisung, zu Admiral Tovey zu stoßen, konnte aber natürlich, da die Entfernung viel größer war, erst später als die anderen fünf eintreffen. Um 02.00 Uhr am 26. wurde die Durchführung der genannten Verschiebungen durch Funkspruch befohlen.

Für Admiral Somerville, dessen Kampfgruppe H sich jetzt dem Operationsgebiet näherte, stand natürlich das Wiederfinden der *Bismarck* im Vordergrund seiner Gedanken. Er hatte jedoch nur sehr wenig Informationen, von denen er ausgehen konnte, außer der, daß sie mit Grundkurs in Richtung Brest marschierte. Nachdem er sich durch Signalverkehr mit Captain Maund von *Ark Royal* beraten hatte, wurde beschlossen, die erste Luftaufklärung bei Tagesanbruch des 26. zu starten, wobei von einer möglichen Gegnerfahrt zwischen 25 und 21 kn auszugehen war. Wenn diese Aufklärung ohne Erfolg blieb, sollte gegen 13.00 Uhr eine weitere unter Ausgehen von einer Fahrt bis hinunter zu 18 kn, und wenn diese ebenfalls fehlschlug, eine dritte auf der Grundlage einer Fahrt bis zu 15 kn hinunter gestartet werden. Es gab aber außerdem noch eine andere Sache, die ihm einige Sorgen bereitete. Er wußte, daß die deutschen Schlachtkreuzer *Scharnhorst* und *Gneisenau* nach ihrer Atlantikunternehmung nach Brest eingelaufen waren, und daß sie dort das Ziel von Luftangriffen gewesen waren. Er hatte aber keine Kenntnis, ob sie fahrbereit waren, um mit *Bismarck* zusammenzuwirken, was, wie man sich erinnern wird, die ursprüngliche Absicht von

Großadmiral Raeder gewesen war. Er nahm daher am Morgen des 26. die Gelegenheit wahr, als er um 09.00 Uhr seine Zerstörer zur Brennstoffergänzung nach Gibraltar entlassen mußte, dem ältesten Kommandanten zu befehlen, nach Erreichen eines Abstandes von 150 Meilen von *Renown* zwei Funksprüche abzugeben: einer an die Admiralität enthielt seinen Standort, Kurs und Fahrt um 07.30 Uhr, mit dem anderen erbat er vom Oberbefehlshaber Plymouth Unterrichtung über die letzten Aufklärungsergebnisse über Brest. Infolge Wechsels der Funkfrequenzen erreichte ihn die Information des Inhaltes, daß sich beide Schiffe am 25. um 19.30 Uhr noch im Hafen befunden hatten, nicht zeitig genug, um das Starten einer Sicherungsaufklärung nach Norden und Westen von seinem Vormarschkurs um 17.16 Uhr unnötig zu machen.

Der Nordweststurm ließ *King George V*, die mit 24 kn nach Osten dampfte, in der See von backbord achteraus sehr erheblich rollen und erschwerte auch das Vorankommen der Kampfgruppe H, die fast genau gegenandampfte. Während der Nacht mußte die Fahrt mehr und mehr von 25 auf 23, dann auf 19 und schließlich während der Mittelwache (00.00 bis 04.00 Uhr) auf 17 kn vermindert werden. Selbst bei dieser Fahrt nahm *Renown* noch mit der Back die grüne See über, während das unablässig von Gischt übersprühte Flugdeck der *Ark Royal* auf- und niederstampfte – um mehr als 15 m, wie vom Heck mit Sextant gemessen wurde. Im Frieden wäre unter solchen Bedingungen auch nur der Versuch eines Flugbetriebes überhaupt nicht in Frage gekommen, aber im Kriege müssen

Risiken eingegangen werden. Die Fahrtverminderung während der Nacht hatte die Ankunft des Trägers auf der zum Start der ersten Suchaufklärung nach *Bismarck* vorgesehenen Position verzögert. Als Kompromiß erhielt Captain Maund von Admiral Somerville Zustimmung, das Suchgebiet um 35 Meilen nach Südosten zu verschieben. Dadurch konnte der Start bereits um 08.30 statt um 09.00 Uhr beginnen. Das Bereitstellen der Flugzeuge in Startposition war auf dem nassen, schlüpfrigen und stampfenden Flugdeck sehr gefährlich, wurde aber ohne Unfall bewältigt. Um 08.35 Uhr drehte das Schiff genau in den Wind und ging mit der Fahrt auf 10 kn herunter, so daß der Start beginnen konnte. Eine nach der anderen gaben die zehn für die erste Suche abgeteilten Swordfish Gas, bewegten sich in unberechenbaren Sprüngen über das von der See hoch- und niedergeworfene Deck, erreichten Abhebegeschwindigkeit und kamen frei. Sofort danach wurden sechs weitere Swordfish, die bereits mit Zusatztanks ausgerüstet waren, im Hangar zum Start klargemacht für den Fall, daß *Bismarck* gesichtet werden würde. Inzwischen ging das Schiff selber auf Nordkurs und steuerte den 50 Meilen entfernten Treffpunkt an, zu dem die Flugzeuge zurückkehren sollten.

Kapitel 5: 26. Mai - Wiederfinden der Bismarck

Der ehrenvolle Erfolg des Wiederfindens der *Bismarck* war jedoch nicht auf das Konto der tapferen Swordfish-Besatzungen zu buchen. Fünf Stunden vor ihrem gefahr-vollen Start waren am 26. um 03.00 Uhr zwei Catalina-Flugboote des Coastal Command von ihrem Stützpunkt Lough Erne in Nordirland gestartet, um die oben erwähnte Streifenaufklärung über der Biscaya zu beginnen. Langsam wich die Dunkelheit dem Tageslicht, und die Besatzungen konnten unter sich die weißen Schaumkronen des sturmzerwühlten Atlantik sehen, während sie Stunde um Stunde zum Erreichen ihrer Anfangs-Position flogen. Plötzlich sichtete aus einer Flughöhe von nur 150 m um 10.30 Uhr der Flugzeugführer der Catalina Z der 209. Staffel, Flying Officer D. A. Briggs, auf dem südlicheren der beiden Streifen den dunkelgrauen Rumpf eines Kriegs-schiffes. Da es allein und ohne Zerstörersicherung war, nahm er an, es müsse *Bismarck* sein, (obwohl, was ihm un-bekannt war, das gleiche auch für *King George V* und *Rodney* zutraf) und er setzte eine entsprechende Meldung

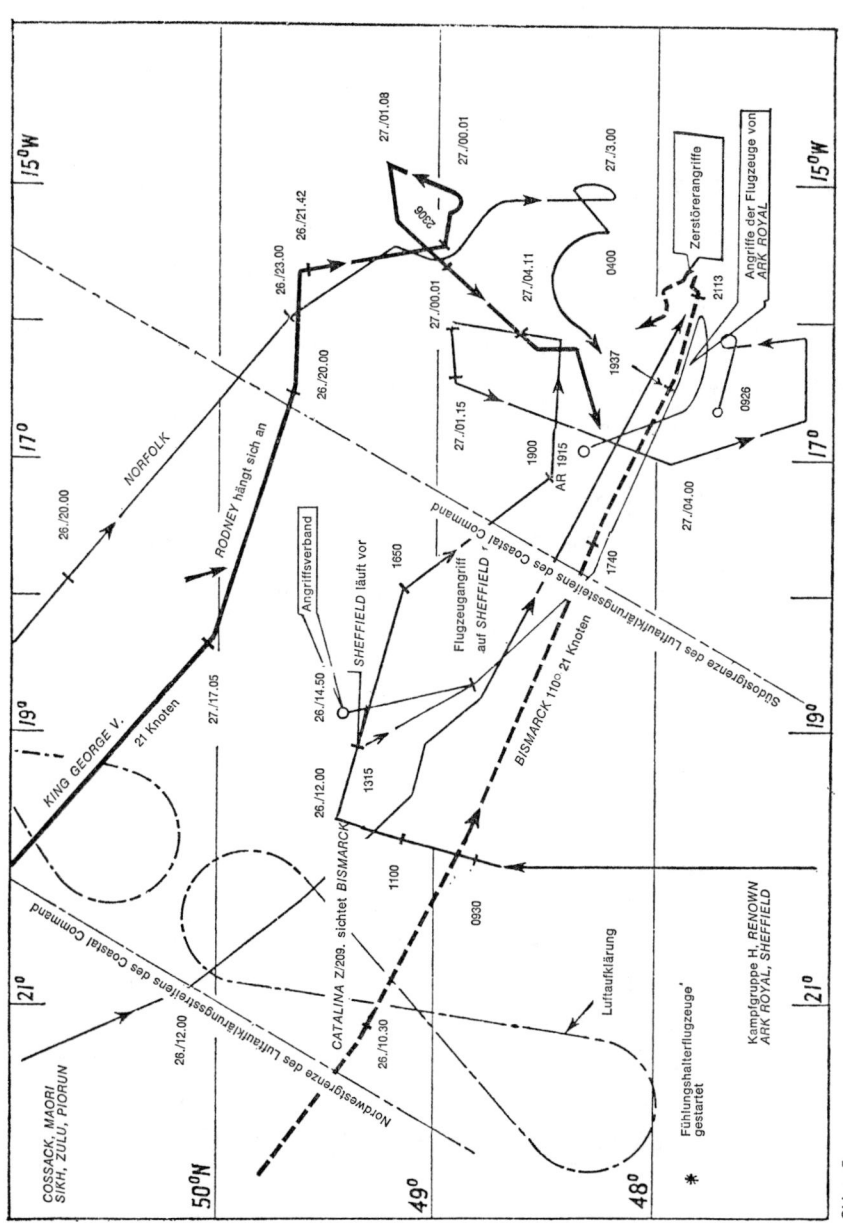

Skizze 5
BISMARCK ist wiedergefunden – Kurse der britischen Verbände ab 10.30 Uhr am 26. Mai

ab. Die Catalina suchte dann Deckung in einer Wolke, stieß aber neun Minuten später daraus direkt über dem Schlachtschiff wieder hervor, das prompt das Feuer eröffnete. Glücklicherweise wurde kein Treffer erzielt, wenn der Rumpf auch von Splittern durchsiebt war, von denen einer zwischen Pilot und Kopilot durchging. Bei Ausweichmanövern verlor die Catalina zeitweilig die Fühlung, aber glücklicherweise näherten sich jetzt die Aufklärungsmaschinen der *Ark Royal* von Südosten. Eine halbe Stunde später sichtete eine der Swordfish dasselbe Schiff, das es als feindlichen Kreuzer meldete. Entsprechend dem allgemein vorgeschriebenen Verfahren, wonach jedes Flugzeug, das Fühlung an einem feindlichen Schiff gewinnt, sofort von der nächststehenden Maschine unterstützt wird, stieß eine weitere Swordfish hinzu und meldete beim Sichten des Schiffes ein Schlachtschiff.

Für die Seebefehlshaber und den Operationsstab in der Admiralität wurde die hochwillkommene Nachricht in ihrem Wert gemindert durch die Zweifel infolge der unterschiedlichen Gegneransprache durch die Flugzeuge. War es nun *Prinz Eugen* oder *Bismarck?* Die ähnlichen Silhouetten beider Schiffe hatten schon Verwechslungen hervorgerufen, als beide Schiffe noch zusammen fuhren. Nun, da sie getrennt operierten, war das Auseinanderhalten noch schwerer, besonders aus der Luft. Obwohl die Flugzeugführer der ersten beiden Swordfish bei ihrer Befragung nach der Landung auf dem Träger das gesichtete Schiff nicht mit Sicherheit identifizieren konnten, bestätigte die Swordfish, die sie abgelöst hatte, dann zweifelsfrei, daß es

Bismarck war. Nach der Sichtmeldung der Catalina Z (die, wie sich später herausstellte, um 25 Meilen zu weit westlich lag) befand sich das Schlachtschiff in 277° von Brest, 690 Meilen entfernt, 135 Meilen genau südlich von *King George V*, 125 Meilen Süd zu West von *Rodney* und 112 Meilen west-nordwestlich *Renown*. Die Position zeigte, daß sie etwa 20 kn Fahrt machte und mit dieser Fahrt bei Tagesanbruch am 27. Mai im Bereich der Unterstützung durch die deutsche Luftwaffe sein würde. *King George V* war zu langsam, um noch an diesem Tage bei Tageslicht zum Gefecht heranzukommen, und für die noch langsamere *Rodney* kam dies überhaupt nicht in Frage. Nur die Kampfgruppe H stand in einer Position, von der aus sie *Bismarck* auf diesem letzten Stück ihres Weges in die Sicherheit angreifen konnte. *Renown* allein konnte es aber nicht mit ihr aufnehmen. Es war also unbedingt notwendig, ihre Fahrt herabzusetzen, damit die beiden Schlachtschiffe herankommen konnten, und dies hieß, daß sie durch Torpedos der Flugzeuge von *Ark Royal* oder der Zerstörer von Captain Vian lahmgeschossen werden mußte.

Auch für die Admiralität war es offensichtlich, daß zwischen *Bismarck* und ihrem Ziel nur noch die Kampfgruppe H stand, und da sie den Drang von Admiral Somerville kannte, zum Gefecht zu kommen, gab sie ihm um 10.52 Uhr den strikten Befehl, *Bismarck* mit *Renown* nicht anzugreifen, sofern sie nicht bereits im Gefecht mit *King George V* oder *Rodney* liegen würde. Er stellte demzufolge alle Bemühungen darauf ab, *Bismarck* zum frühestmöglichen Zeitpunkt aus der Luft anzugreifen. Bevor dies jedoch geschehen konnte, mußten zunächst 8 Aufklärungs-Flugzeuge — zwei waren zum Fühlunghalten zurückgeblieben – landen, aufgetankt und umgerüstet werden. Bei dem herrschenden Wetter mußte dies einige Zeit in Anspruch nehmen, war aber bis zum Mittag beendet, wobei nur eine Maschine ausgefallen war, die unglücklicherweise bei der Landung gegen das gerade hochkommende achtere Ende des Flugdecks geprallt und schwer beschädigt worden war. Die Kampfgruppe H hatte inzwischen den Kurs von *Bismarck* gekreuzt und stand etwa 50 sm nordöstlich deren angenommener Position. Da *Ark Royal* sowohl zum Landen als auch zum Starten der Flugzeuge genau in den Wind drehen mußte, war unbedingt sicherzustellen, daß das Schiff während dieser Manöver nicht zu nahe an *Bismarck* heran- oder zu weit von ihr abkam. Bei dem nordwestlichen Wind entsprach die von Admiral Somerville bestimmte Position genau diesen Voraussetzungen. Der Wegverlust beim In-den-Wind-Drehen konnte zwischen Start und Landung dadurch aufgeholt werden, daß der Träger mit hoher Fahrt vor dem Wind ablief, ohne dabei zu nahe an das feindliche Schiff auf seinem südöstlichen Kurs heranzukommen. Um 14.15 Uhr waren die fünfzehn Swordfish, die für den Angriff bestimmt waren, in den Hangars klar und die Besatzungen eingewiesen. Die Flugzeuge wurden an Deck gebracht, und um 14.50 Uhr begann der Start. Die Flugzeugführer und Beobachter waren unterrichtet worden, daß sie ein einzeln fahrendes Schiff zu erwarten hätten. Unter dem Eindruck der überragenden Bedeutung ihrer Aufgabe waren sie fest entschlossen, ihren Angriff unbedingt wirkungsvoll durchzuführen. Eine Maschine hatte beim Start eine Störung und mußte wieder landen.

Während des Nachmittages wurde *Rodney* von *King George V* gesichtet; sie kam langsam von backbord querab näher und war um 18.00 Uhr in das Kielwasser des Flaggschiffes eingeschert. Auf eine Anfrage des Oberbefehlshabers, welche Fahrt er laufen könne, antwortete Captain Dalrymple-Hamilton optimistisch: »22 kn«, doch stellte sich heraus, daß dies ziemlich viel mehr war als das siebzen Jahre alte Schiff, das dringend einer Überholung bedurfte, herausholen konnte. *Rodney* hatte noch die Zerstörer *Tartar* und *Mashona* bei sich, während *Somali* zur Brennstoffergänzung hatte entlassen werden müssen. Obwohl Admiral Tovey Hoffnung auf das Eintreffen von Captain Vians Flottille gehabt hatte, erwartete er doch ziemlich sicher, daß dieser sich bei Erhalt des Standortes der *Bismarck* entschlossen haben würde, ungeachtet seiner früheren Instruktionen seine Zerstörer unmittelbar gegen den Gegner zur Durchführung eines Torpedo-Nachtangriffes zu führen. Was der Oberbefehlshaber begierig erwartete, war das Ergebnis des Angriffs der Flugzeuge von *Ark Royal*. Er wußte noch nicht, welches Mißgeschick diesem beschieden gewesen war.

Um die zwei Fühlung haltenden Swordfish-Flugzeuge zu verstärken und in Anbetracht der ungünstigen Wetterlage hatte Admiral Somerville um 13.15 Uhr dem Kreuzer *Sheffield* befohlen, vorauszulaufen und Fühlung an *Bis-*

marck herzustellen. Unglücklicherweise hatte *Ark Royal* diesen optisch übermittelten Befehl nicht mitbekommen. Da sie vom Flugbetrieb voll in Anspruch genommen war, blieb hier bei der herrschenden geringen Sicht auch das Ablaufen von *Sheffield* unbemerkt. Der Admiral ließ dem im Klartext übermittelten Signalspruch an *Sheffield* einen an die Admiralität gerichteten verschlüsselten Funkspruch folgen, der nachrichtlich an *Ark Royal* adressiert wurde. Er berichtete in diesem über die von ihm getroffenen Maßnahmen. Wegen der großen Zahl der in dieser Zeit auf *Ark Royal* eingehenden Funksprüche, besonders denen von den Fühlung haltenden Flugzeugen, und der Tatsache, daß der Funkspruch nur nachrichtlich an sie gerichtet war, gab es beim Entschlüsseln eine Verzögerung. Er wurde daher Captain Maund erst über eine Stunde nach dem Start des Angriffsverbandes vorgelegt. Beim Lesen war er sich sofort der unheilvollen Konsequenzen bewußt, die sich aus dieser ausgebliebenen Unterrichtung ergeben könnten. Er ließ sofort in offenem Klartext an den Kampfverband funken »auf *Sheffield* achten«, doch leider war es schon zu spät.

Sheffield hatte Kenntnis vom Start des Angriffsverbandes, und so war es für Captain Larcom, den Kommandanten, keine Überraschung, als er ihn um 15.45 Uhr sichtete und die Flakbedienungen unterrichten ließ, daß eigene Maschinen im Anflug seien. *Sheffield* stand zu diesem Zeitpunkt etwa 20 Meilen nördlich von *Bismarck,* hatte aber noch keine Fühlung mit ihr gewonnen. Plötzlich stellte man zur allgemeinen Verwunderung fest, daß die Flugzeuge die geschlossene Formation auflösten und zum Tiefangriff ansetzten. Captain Larcom ging auf Höchstfahrt und ließ Hartruder legen, um ihnen das Zielen zu erschweren. Aber es stand noch eine weitere Überraschung bevor. Die Gefechtsköpfe der Hälfte der abgeworfenen Torpedos explodierten beim Aufschlag auf das Wasser oder im Kielwasser, so daß er nur noch den sechs oder sieben anderen ausweichen mußte, die nicht explodierten, und das brachte er mit Erfolg fertig. Außerdem war auf Grund guter Feuerdisziplin nicht ein einziger Schuß abgegeben worden.

Als Admiral Tovey die Meldung von Admiral Somerville über das Ergebnis des Luftangriffs erhielt, der nur knapp mitteilte »Keine Treffer«, hatte er den Eindruck, daß sich die Waagschale nun sehr zugunsten der *Bismarck* gesenkt hatte. Auch als er die ergänzende Meldung erhielt, daß um 18.30 Uhr ein neuer Start erfolgen würde, schien ihm der Fehlschlag des ersten Angriffs, über den er bisher noch keine Einzelheiten erhalten hatte, nicht sehr für einen Erfolg des zweiten zu sprechen, der, wie er richtig annahm, der letzte dieses Tages sein würde. Dann waren noch die Zerstörer von Captain Vian, und er wußte, daß unter dessen energischer Führung die Angriffe unter vollem Einsatz gefahren werden würden. Doch ein einzelnes Schiff mit voller Manövrierfreiheit war kein leichtes Angriffsziel, und das herrschende Wetter hätte für einen Torpedo-Nachtangriff von Zerstörern nicht ungünstiger sein können. Der Brennstoffbestand von *King George V* war jetzt auf einen Rest von 32 % heruntergefahren, und *Rodney* hatte gerade noch genug, um bis 08.00 Uhr am 27. Mai dazubleiben.

Admiral Tovey sah sich demnach der unangenehmen Tatsache gegenüber, daß er die Jagd werde aufgeben müssen, wenn im Laufe der Nacht nicht eine Änderung der Lage zum Vorteilhaften eintreten würde. Nach einer Verfolgung von vier Tagen und Nächten war es eine verzweifelte Situation, vor die er sich gestellt sah.

Eine Schar niedergeschlagener Flieger war auf *Ark Royal* zurückgekehrt, aber Captain Maund hatte es verstanden, sie bald wieder aufzurichten. Er sprach sie von jeder Schuld an der Verwechslung frei und sagte ihnen, daß sie noch mal Gelegenheit zum Angriff auf *Bismarck* haben würden, sobald ihre Flugzeuge aufgetankt und mit neuen Torpedos beladen sein würden. Außerdem würden die offenbar schadhaften Duplex-Gefechtspistolen, die in die Torpedos eingesetzt waren, gegen solche mit Aufschlagzünder ausgetauscht und auf eine Tiefe von 6,70 m eingestellt werden. Inzwischen hatte *Sheffield* um 17.40 Uhr *Bismarck* in Sicht bekommen und sich mit 10 Meilen Abstand hinter sie gesetzt, so daß sie in der Lage war, aus dieser Position enge Fühlung zu halten. *Sheffield* hatte den Gegner in einer Peilung von 167° und Entfernung von 38 Meilen vom Träger gemeldet, und die Flugzeuge hatten Anweisung erhalten, den Kreuzer anzufliegen, so daß dieser sie unter Benutzung seines Funkpeilers zum Finden ihres Zieles einweisen konnte. Als sie sich *Bismarck* näherten, kamen sie in eine dichte Wolkendecke, deren Untergrenze nur etwa 200 m über Wasser lag. Während des Fluges in den Wolken verlor der Verband den Zusammenhalt, aber um 20.47 Uhr stießen die drei Maschinen der ersten Kette, an die sich eine der dritten Kette angehängt hatte, durch die Wolken und sichteten *Bismarck* in Windrichtung etwa vier Meilen voraus. Sie manöverierten so, daß sie von backbord querab anflogen und warfen in starkem und gutliegendem Abwehrfeuer ihre Torpedos ab, von denen einer als Treffer beobachtet wurde. Während der folgenden vierzig Minuten flogen die übrigen Maschinen ihre Angriffe, wobei einige von ihnen in unerwarteter Richtung auf den Gegner stießen und entweder abdrehen oder in den Wolken Deckung suchen mußten, bevor sie zu einem neuen Angriff ansetzten. Die Flak war sehr stark, und die Deutschen hatten den Eindruck, daß die Flugzeuge nur dadurch der völligen Vernichtung entgingen, daß die Granaten, ohne zu detonieren, ihre dünne Segeltuchbespannung durchschlugen. Insgesamt wurden dreizehn Torpedos geworfen, nachdem zwei im Notwurf abgeworfen worden waren. Es wurden zwei Treffer und ein wahrscheinlicher Treffer angegeben. Alle Flugzeuge kehrten sicher zurück, obwohl fünf durch Flakfeuer beschädigt und Flugzeugführer und Bordschütze einer Maschine verwundet waren; ein Flugzeug ging beim Landen zu Bruch.

Das wirkliche Ausmaß des Schadens, den sie *Bismarck* zugefügt hatten, war für die britischen Verbände zunächst nicht erkennbar. Kapitänleutnant Gerhard Junack, Turbineningenieur auf *Bismarck*, der überlebte, beschreibt ihn folgendermaßen:

»Ein Torpedo, der mittschiffs traf, verursachte keinen Schaden, aber der zweite wirkte sich verhängnisvoll auf die Ruder aus, die er in Lage Backbord 15° verklemmte.

Bismarck war sofort manöverierunfähig. Der Torpedotreffer in die Ruderanlage erschüttert das Schiff so stark,
daß noch auf meiner Gefechtsstation im Turbinenraum
Mitte die Flurplatten hochgeworfen werden und kurz nach
dem Treffer aus dem Backbordwellentunnel Wasser in den
Turbinenraum einbricht ... Der Treffer hat ... ein so großes Loch in den Schiffsboden gerissen, daß alle Räume der
Ruderanlage sofort vollaufen. Aber die dort stationierten
Männer konnten noch gerettet werden, und die Schiffs-
sicherungsmannschaft und die Zimmermeistergruppe kamen auf ihrem Wege zum Achterschiff durch ... Nach
stundenlangen Bemühungen gelingt es zwar, das Handruder
einzukuppeln. Aber die Ruder können nicht bewegt werden. Versuche, Taucher von außen zur Trefferstelle vor-
dringen zu lassen, erscheinen bei dem Seegang unmöglich.
Der Vorschlag, die Ruderschäfte nach unten herauszu-
sprengen, wird abgelehnt, da die Schrauben unmittelbar
davorliegen.«[1]
Admiral Lütjens scheint sehr bald zu dem Schluß gekommen zu sein, daß jetzt nur wenig Aussicht bestand, das
Schiff vor seinem Schicksal, das es früher oder später er-
eilen würde, zu bewahren. Um 21.40 Uhr sandte er folgenden Funkspruch an die Gruppe West: »Schiff manöverierunfähig. Wir kämpfen bis zur letzten Granate. Es lebe der
Führer.«
Sheffield sollte als erste feststellen, daß etwas Ernstliches
ausgefallen war, als sie erkannte, daß *Bismarck* nach

---

[1] Dipl.-Ing. Gerhard Junack: »*Die letzten Stunden der Bismarck*« in Purnell's
History of the Second World War, Bd. 2, Nr. 5 – hier zitiert nach Brennecke,
a. a. O., S. 319 und 322.

Backbord gedreht hatte und sie sich plötzlich im Feuer von deren 38 cm-Geschützen befand. Sechs genau liegende Salven wurden auf sie geschossen, und obwohl keine Treffer erzielt wurden, wurden durch Splitter von Naheinschlägen drei Männer der Flak getötet und zwei verwundet. Der Kreuzer qualmte und drehte mit hoher Fahrt ab. Dabei sah er die von Westen herankommenden Zerstörer von Captain Vian und konnte sie auf ihr Ziel einweisen. Um 21.36 Uhr meldete Captain Larcom, daß *Bismarck* anscheinend 340° steuerte. Vier Minuten später berichtigte er dies in Nordkurs, verlor dann gegen 21.55 Uhr die Fühlung und lief auf einem Kurs weiter, den er für einen Parallelkurs zu dem angeschlagenen Schiff hielt.

Admiral Tovey nahm die Meldung von *Sheffield* über den Kurs der *Bismarck* mit einigem Vorbehalt auf. Um 21.42 Uhr ging er aber auf Südkurs und hielt auf ihren Standort in der Absicht zu, vom Osten her in Feindberührung zu kommen. Um 22.28 Uhr erhielt er jedoch die Meldung Admiral Somervilles, in der angegeben wurde, daß der zweite Luftangriff der *Ark Royal* einen Treffer erzielt hätte. Zwölf Minuten später folgte die Nachricht von einem möglichen zweiten Treffer. Angesichts der einbrechenden Dunkelheit und der ungewissen Aussichten für ein Abfangen unter günstigen Bedingungen beschloß er, das Gefecht bis zum Anbruch der Dämmerung hinauszuschieben. Dazu änderte er um 23.06 Uhr Kurs nach Osten und Norden, um vor *Bismarck* herumzuholen und von Westen an sie heranzukommen, sobald sich ihre Silhouette gegen den östlichen Morgenhimmel abheben würde.

Als Captain Vian mit seinen mit Zwischenräumen von zweieinhalb Meilen auf einer Peilungslinie von 70°–250° auseinanderstehenden fünf Zerstörern auf südöstlichem Kurs von 120° vor dem Wind auf sein Ziel zuhielt, hoffte er, es voraus von seinem eigenen Schiff, *Cossack,* in Sicht zu bekommen, doch war statt dessen der polnische Zerstörer *Piorun* auf seinem linken Flügel der erste, der es sichtete. Um 22.28 Uhr meldete er *Bismarck* in einer Peilung von 145° und Entfernung von 9 Meilen. Vian hatte sich entschieden, daß nunmehr, nachdem das Schlachtschiff offensichtlich manöverierunfähig geworden war, seine Hauptaufgabe darin bestand, Fühlung an ihm zu halten, und dem Oberbefehlshaber in jeder Weise behilflich zu sein, daß er es mit seinen beiden Schlachtschiffen zum Kampf stellen konnte. Zur gleichen Zeit hoffte er, daß sich Möglichkeiten zu Torpedoangriffen ergeben würden, um es noch mehr zu beschädigen, sofern dabei nicht die Gefahr schwerer Verluste auf den eigenen Schiffen entstand. Um 22.48 Uhr befahl er daher seinen Zerstörern, Fühlunghalterpositionen rings um *Bismarck* herum einzunehmen. Für einige Zerstörer dauerte es einige Zeit, auf die ihnen zugewiesenen Positionen zu kommen, ohne dabei ihrem noch immer Furcht gebietenden Gegner zu nahe zu kommen. *Piorun* bemerkte sehr bald, daß Vorsicht geboten war, als er Feuer auf den viel größeren Gegner aus einer Entfernung von 135 Hektometern eröffnete und als Antwort drei Salven 38 cm-Granaten erhielt, von denen ihn eine eindeckte. Nach Einbruch der Dunkelheit verschlechterte sich das Wetter noch mehr, und die schweren Regenschauer wurden häufiger, Voraussetzungen, die einen gleichzeitigen Torpedoangriff nicht begünstigten. Dennoch befahl Vian um 23.24 Uhr seinen Schiffen, auf Anlaufstellungen zu gehen, widerrief den Befehl aber bald danach, als ihm klar wurde, wie ungünstig die Umstände waren, und befahl Einzelangriffe.

Inzwischen schien an Bord von *Bismarck* alle Hoffnung aufgegeben worden zu sein, das beschädigte Ruder freizubekommen. Um 23.58 Uhr ließ Lütjens einen weiteren heroischen Funkspruch abgeben, der diesmal an Hitler gerichtet war: »Wir kämpfen bis zum Letzten im Glauben an Sie, mein Führer, und im felsenfesten Vertrauen auf Deutschlands Sieg.« Hitler dankte darauf und versprach in einer Botschaft an die Besatzung: »Was noch geschehen kann, wird getan.« Doch außer dem Befehl an alle in diesem Gebiet stehenden Uboote, zu *Bismarck* zu gehen, gleichgültig, ob sie noch Torpedos hatten oder nicht, und der Bereitstellung von Schleppern für den Fall, daß sich die Lage zum Guten wendete, war kaum noch etwas möglich. Für eine intensive Unterstützung aus der Luft befand sie sich noch zu weit draußen; *Scharnhorst* und *Gneisenau* waren nicht fahrbereit, und das Wetter war für die kleineren zur Verfügung stehenden Zerstörer zu schlecht. Von 23.00 Uhr an hatte *Bismarck* mit geringer Fahrt gegen den Wind gesteuert. Durch Steuern mit den Schrauben wurde von Zeit zu Zeit Kurs geändert, um den Bestreichungswinkel für die eigene Artillerie zu vergrößern oder den Torpedos auszuweichen, die die Zerstörer einzeln, später auch einmal in Rotte bei ihren Anläufen schossen. Die

Dunkelheit, in deren Schutz solche Angriffe sonst gewöhnlich stattfinden, begünstigte sie hier überhaupt nicht. *Bismarck* empfing jeden Angriffsversuch mit gut liegendem Feuer der schweren und Mittelartillerie. Um 23.42 Uhr wurde dies *Cossack*, Captain Vians Führerboot, zuteil, als er noch 8000 m entfernt war, und Splitter einen Teil seiner Funkantennen zerstörten. Etwa acht Minuten später machte *Zulu* die gleiche Erfahrung, als er von drei 38er-Salven eingedeckt wurde. Durch Splitter wurden ein Offizier und zwei Mann verwundet. *Sikh* folgte *Bismarck* von achteraus, als diese plötzlich um 00.20 Uhr eine starke Kursänderung nach Backbord machte und das Feuer auf ihn eröffnete. Durch die Wassersäulen der Aufschläge konnte der Torpedooffizier das Ziel nicht ausmachen, und der Zerstörer mußte abdrehen, ohne geschossen zu haben. *Maori*, dicht backbord querab von *Sikh*, versuchte die Aufgabe des Fühlunghaltens zu übernehmen, doch das Schlachtschiff änderte wieder den Kurs, und es gelang ihm, für einige Zeit alle Zerstörer abzuschütteln.

Um 01.00 Uhr sichtete *Zulu* auf Westkurs *Bismarck* wieder recht voraus, ging auf 25 kn und Zick-Zack-Kurs, um ihr das Richten der Geschütze zu erschweren, lief ungesehen von backbord achteraus an und schoß um 01.21 Uhr zwei Torpedos auf eine Entfernung von 50 Hektometer. Dabei kam der Zerstörer sofort in heftiges Abwehrfeuer des Gegners, der inzwischen von Nordwest- auf Nordostkurs gedreht hatte, so daß die Torpedos fehlgingen. Danach kam *Maori* an die Reihe. Sein Kommandant, Commander H. T. Armstrong, ein Offizier mit großer Erfah-

Admiral Sir John Tovey, der Oberbefehlshaber der britischen Home Fleet, mit dem Kommandanten, Captain J. C. Leach, an Bord von *Prince of Wales*.

Schlachtkreuzer *Repulse*.

Oben: Schlachtkreuzer *Renown*, Flaggschiff von Admiral Sir James Somerville.

Mitte: Kreuzer *Norfolk*, Flaggschiff
von Rear-Admiral Wake-Walker.

Rechte Seite:
Oben: Vice-Admiral Sir W. Frederic
Wake-Walker.
Unten: Flugzeugträger *Ark Royal*.

Luftaufnahme des Flugzeugträgers *Victorious* mit an Deck aufgestellten Albacore-Flugzeugen.

Flying Officer D. A. Briggs, der Kommandant des Catalina-Flugbootes, das *Bismarck* wiederfand und beim Versuch, an dem deutschen Schlachtschiff Fühlung zu halten, nur etwa 400 m entfernt von ihm die Wolkendecke durchstieß. Schwerstes Abwehr-Sperrfeuer von *Bismarck* zwang ihn zu starken Ausweichmanövern. Der Rumpf seines Flugbootes wurde an mehreren Stellen durchlöchert, aber die Besatzung pfropfte die Löcher dicht, und das Flugboot hielt für weitere zehn Stunden Fühlung.

rung und Unerschrockenheit, sah, daß der Gegner jetzt auf Kurs 40° lag, und es gelang ihm, sich vorsichtig und offensichtlich unbemerkt von backbord achteraus bis auf 40 Hektometer zu nähern. Als er querab stand, schoß er eine Leuchtgranate, um das Ziel umso besser sehen zu können, und stellte fest, daß es nach Steuerbord drehte. Um 01.37 Uhr schoß er deshalb zwei Torpedos, von denen einer nach seiner Meinung ein Treffer war. Dann versuchte er einen neuen Anlauf von steuerbord vorn, doch *Bismarck* hatte nun sehr schweres Feuer mit der schweren, mittleren und Flak-Artillerie auf ihn eröffnet, so daß er mit hoher Fahrt ablaufen mußte. Obwohl ihn der Gegner mit seinem Feuer bis auf 100 Hektometer verfolgte, gelang es ihm, unbeschädigt zu entkommen. Drei Minuten nach dem Angriff von *Maori* schoß Captain Vian, der an das Schlachtschiff von Nordosten herangekommen war, drei Torpedos auf 60 Hektometer. Das Ziel war in seinen Umrissen deutlich im Mündungsfeuer seiner Artillerie zu erkennen, die auf den ablaufenden *Maori* feuerte. Ein sicherer Torpedotreffer wurde beobachtet. Es ist möglich, daß *Bismarck* infolge dieser Torpedotreffer stoppen mußte, wie von *Zulu* um 01.48 Uhr gemeldet wurde. *Sikh*, der zu diesem Zeitpunkt von Süden herankam, entschloß sich zum Versuch eines unbemerkten Angriffs. Nachdem er nach seinem Radarbild festgestellt hatte, daß das Schlachtschiff tatsächlich gestoppt lag, schoß Commander G. H. Stokes 4 Torpedos auf 70 Hektometer und erzielte dabei nach seiner Ansicht einen Treffer. Danach hielt er Fühlung bis 03.59 Uhr. Obwohl die Zerstörer häufig ausführliche Meldungen über Standort und Kurs von *Bismarck* abgaben, waren sie nicht in Sichtweite des Oberbefehlshabers, der natürlich darauf bedacht war, daß alle Besteckunterschiede zwischen den Zerstörern und seinem Flaggschiff, *King George V* beseitigt waren, bevor es zu einer Feindberührung kam. Um 02.36 Uhr befahl er daher, in halbstündigen Intervallen Leuchtgranaten zu schießen, doch die vielen Regenböen verdeckten sie häufig. Andererseits wurde dadurch die Aufmerksamkeit des Gegners auf die schießenden Zerstörer gelenkt, so daß Captain Vian ihnen befehlen mußte, damit aufzuhören.

Etwa um 02.40 Uhr nahm *Bismarck* offenbar wieder Fahrt auf und lief langsam in nordwestlicher Richtung ab. Um 02.25 Uhr konnte *Cossack* mit dem einzigen noch verbliebenen Torpedo auf 40 Hektometer einen weiteren Anlauf fahren, jedoch keinen Treffer erzielen. In heftigem Abwehrfeuer drehte der Zerstörer qualmend nach Norden ab und ging dann auf Westkurs.

Um 04.00 Uhr ging die Fühlung mit *Bismarck* noch einmal zeitweilig verloren, doch war ihre Position jetzt bekannt und ihre Manövrierfähigkeit so offensichtlich eingeschränkt, daß die Wiederherstellung der Fühlung kein großes Problem darstellte. Die Zerstörer standen um diese Zeit in folgenden Positionen zu *Bismarck*: *Cossack* in West-Nordwest, *Sikh, Zulu, Maori* und *Piorun* verteilt über den Sektor von Südost bis Südwest. Alle Zerstörer liefen jetzt wieder an, um die Fühlung wiederherzustellen.

Tatsächlich wurde sie offenbar jedoch erst kurz vor 06.00

Uhr wiedergewonnen. Eine Stunde vorher hatte Captain Vian nur ungern *Piorun* nach Plymouth zur Brennstoffergänzung entlassen. Sein Kommandant, Commander Plawski, hatte auch noch das Verlangen, einen Torpedoangriff zu fahren. Doch wurde es jetzt bereits hell, und der Versuch wäre ein unnötiges Risiko für das Schiff und seine tüchtige Besatzung gewesen.

Um 05.50 Uhr sichtete *Maori* die *Bismarck* wieder auf einem Grundkurs von 340° mit einer Fahrt von 7 kn und beleuchtete sie um 06.25 Uhr mit einer Leuchtgranate, als sie gerade aus einer Regenböe in volle Sicht von *Sikh* herauskam, der jedoch entkommen konnte, ohne beschossen zu werden. Zwanzig Minuten später schoß *Maori* zwei Torpedos auf eine Entfernung von 90 Hektometern, die beide das Ziel verfehlten. *Bismarck* eröffnete jedoch das Feuer, so daß der Zerstörer mit 28 kn ablief, ohne getroffen zu werden. Dies war der letzte Torpedoangriff der Zerstörer. Angesichts des schlechten Wetters wurde die Art und Weise, wie sie an *Bismarck* geklebt und sie mit ihren ständigen Torpedoangriffen gestört hatten, ohne selbst trotz des wiederholten heftigen Abwehrfeuers beschädigt zu werden, von Admiral Tovey als beispielhaft bezeichnet. Es wird nie mit völliger Sicherheit geklärt werden können, wie viele Treffer bei diesen Torpedoangriffen erzielt wurden. Der deutsche Bericht, der im wesentlichen auf den Berichten von Überlebenden beruht, kommt zu dem Schluß, daß kein einziger Treffer erzielt wurde. Angesichts der ständigen Kurs- und Fahrtänderungen der *Bismarck* würde es nicht im geringsten verwundern, wenn es wirklich so gewesen wäre. Die Zerstörer gingen nun auf Positionen rings um das beschädigte deutsche Schlachtschiff, von denen aus sie es beobachten und seine Bewegungen melden konnten, um es zum vorgesehenen Zeitpunkt an die herankommenden britischen Schlachtschiffe übergeben zu können.

Kapitel 6: Die Endphase

Als am Morgen des 27. Mai die Dämmerung anbrach, schlossen die von der Admiralität von überall zusammengezogenen Vergeltungsstreitkräfte zur letzten Abrechnung mit der beschädigten, aber immer noch furchterregenden *Bismarck* heran. Im Norden von ihr stand der Oberbefehlshaber mit *King George V* und *Rodney*, zu dem bald auch Rear-Admiral Wake-Walker mit *Norfolk* stoßen sollte. Von ihm war zuletzt berichtet worden, wie er entsprechend der Anweisung von Admiral Tovey die Suche nach Osten aufnahm. Er hatte aber seit dem Wiederfinden des Gegners Südostkurs gesteuert, zunächst mit 27 kn, dann mit 30 kn. Als er die Meldung vom Erfolg des Torpedoangriffes der Flugzeuge von *Ark Royal* erhielt, änderte er Kurs noch mehr nach Süden und hielt auf die Richtung zu, die ihm durch das Aufblitzen der von den Zerstörern geschossenen Leuchtgranaten angezeigt wurde. Er hatte die Absicht, auf eine Position nördlich des Gegners zu gehen, von der aus er die Aufschläge der beiden Schlachtschiffe beobachten könnte. Er sichtete *Bismarck* um 07.53 Uhr auf eine Entfernung von 9 Meilen in 145°, und eine Viertelstunde später kam *King George V* im Westen verschwommen in Sicht, so daß er in Sichtverbindung zu beiden stehen konnte.

Ein anderer schwerer Kreuzer, *Dorsetshire*, stand in der Sicherung eines von Sierra Leone nach England bestimmten Konvois, als er die Sichtmeldung der Catalina vom 26. Mai, 10.56 Uhr, empfing. Er stand zu dieser Zeit etwa 360 Meilen südlich von *Bismarck*, überließ aber die Führung des Konvois dem Hilfskreuzer *Bulolo* und ging mit hoher Fahrt auf Nordkurs. Er geriet bald in das von dem Nordweststurm gepeitschte Gebiet und mußte mit der Fahrt auf 25 kn, später auf 20 kn heruntergehen. Am 27. um 08.33 Uhr sichtete er *Cossack* voraus, tauschte mit ihm Erkenntnissignal aus und erhielt von dem Zerstörer Peilung und Entfernung von *Bismarck* mit 290° und 6 Meilen. Er hatte das Gefechtsfeld gerade zur rechten Zeit erreicht, nachdem er seit Verlassen seines Konvois 600 Meilen zurückgelegt hatte.

Admiral Somerville, der *Ark Royal* angewiesen hatte, sich für einen Luftangriff auf *Bismarck* im Morgengrauen mit zwölf Swordfish-Flugzeugen klarzuhalten, hatte am 27. um 01.15 Uhr nach Süden gedreht. Eine Viertelstunde später wies ihn der Oberbefehlshaber an, sich mit der Kampfgruppe H mindestens 20 Meilen südlich von *Bismarck* zu halten, um den Schlachtschiffen den Weg für ihr Anlaufen freizumachen. Um 05.09 Uhr, noch in der Dunkelheit, wurde von *Ark Royal* ein Flugzeug als Artilleriebeobachter für *King George V* gestartet, konnte aber in dem Sturm und bei den tiefliegenden Wolken *Bismarck* nicht finden und war zur Umkehr gezwungen. Der Luftangriff im Morgengrauen wurde wegen der geringen Sichtweite ebenfalls abgesagt aus der Besorgnis, daß sich bei den vielen Schiffen in der Umgebung der Zwischenfall mit *Sheffield* auf keinen Fall wiederholen durfte, der ohne viel Glück sehr leicht verheerend geendet haben könnte. Nachdem Admiral Somerville von dem im Norden in Sicht gekommenen *Maori* Meldung erhielt, daß *Bismarck* nur 11 Meilen von ihm entfernt war, daher 17 von *Renown*, ging er mit seinem Verband auf Südwestkurs, um seine Entfernung vom Gegner zu vergrößern.

DAS GEFECHT

Obwohl der Nordweststurm mit unverminderter Stärkte tobte, war gutes Tageslicht und die Kimm im Nordosten, von der Brücke *King George V* aus, klar. Admiral Tovey kam zu dem Entschluß, daß unter diesen Bedingungen die Luvposition eindeutige Vorteile bot und plante daher, von West-Nordwest gegen *Bismarck* anzulaufen. Wenn der Gegner seinen Kurs in dieser Richtung beibehielt, wollte er nach Süden herausstaffeln und ein Passiergefecht auf etwa 150 Hektometer eröffnen.

Zwischen 06.00 und 07.00 Uhr an diesem schicksalschweren Morgen bildete der Zerstörer *Maori* vor dem Eintreffen der *Norfolk* die Fühlunghalterverbindung zwischen *King George V* und *Bismarck* und machte es dem britischen Schlachtschiff möglich, die Position, den Kurs und

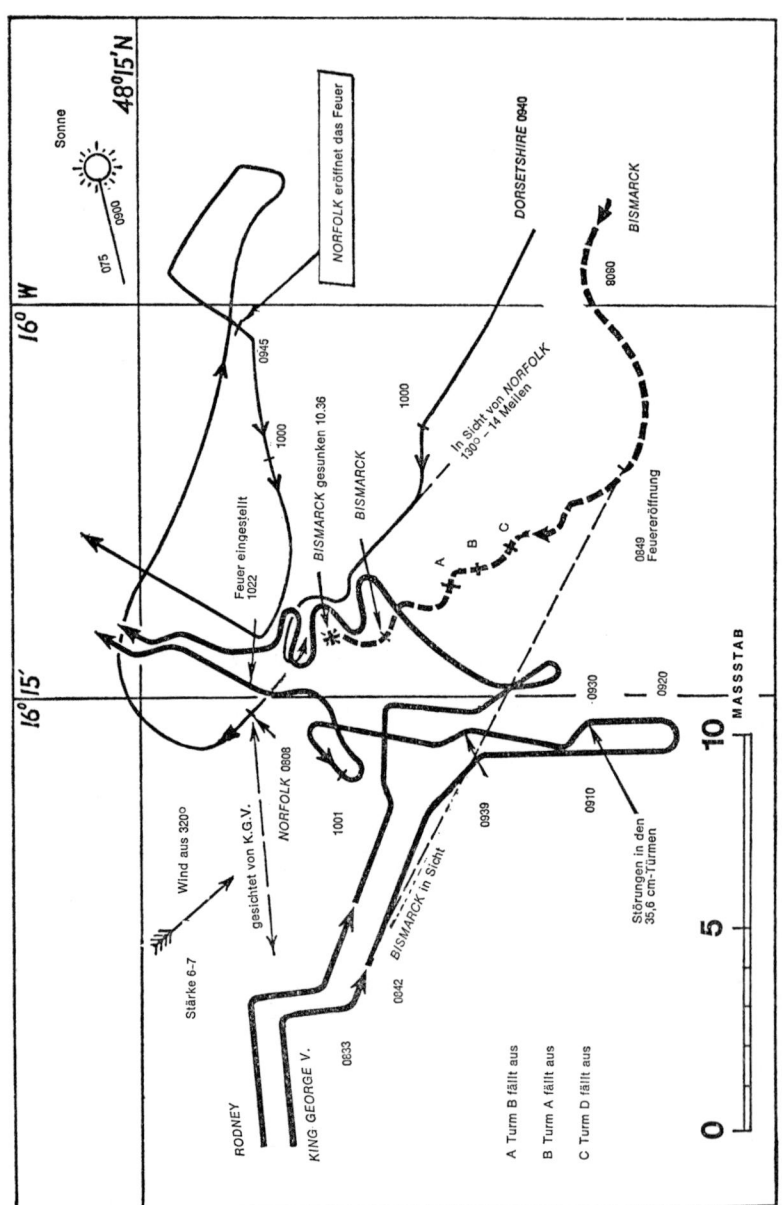

48°15'N

Sonne
0900
075

16° W

NORFOLK eröffnet das Feuer

DORSETSHIRE 0940

BISMARCK

0800

0945

1000

1000

In Sicht von NORFOLK
130° – 14 Meilen

BISMARCK gesunken 10.36

BISMARCK

Feuer eingestellt
1022

A
B
C

0849
Feuereröffnung

16° 15'

Wind aus 320°

gesichtet von K.G.V.

NORFOLK 0808

1001

0930

0920

Stärke 6-7

0939

MASSSTAB

0910

Störungen in den
35,6 cm-Türmen

RODNEY

KING GEORGE V.

0833

0042

BISMARCK in Sicht

0   5   10

A Turm B fällt aus
B Turm A fällt aus
C Turm D fällt aus

Skizze 6
Endkampf gegen BISMARCK am 27. Mai

die Fahrt von *Bismarck* genau mitzukoppeln, was eine
große Hilfe für die Bestimmung des zur Herstellung der
Feindberührung zu steuernden Kurses war. Es stellte sich
heraus, daß *Bismarck* auf einem mehr oder weniger geraden Kurs von 330° lag und etwa 10 kn Fahrt machte. Um
07.08 Uhr ließ Admiral Tovey im Gegensatz zu der starren Formation, in der Vice-Admiral Holland seine beiden
Schiffe vor dem Gefecht mit *Bismarck* hatte fahren lassen,
Rodney in lose Gefechtsformation gehen (d. h. den Abstand auf 6 Kabellängen – über 1100 m – vergrößern) und
die für sie günstigste Staffelung einnehmen. Um 07.37 Uhr
drehte *King George V* auf Kurs 80°, und *Rodney* ging in
Staffel 20° vorlicher als backbord querab. Um 08.20 Uhr
wurde, wie bereits erwähnt, *Norfolk* gesichtet. Da sie
außerdem in Sichtweite zu *Bismarck* stand, konnte sie jetzt
die Aufgabe des optischen Fühlunghaltens übernehmen,
die bisher *Maori* so erfolgreich wahrgenommen hatte. Während des Anlaufens ließ der Oberbefehlshaber zweimal den
Ansteuerungskurs berichtigen, und um 08.43 Uhr kam *Bismarck* fast recht voraus in Peilung 118° und Entfernung
250 Hektometer in Sicht. Zu diesem Zeitpunkt steuerten
die beiden britischen Schlachtschiffe Kurs 110° und standen in Dwarslinie mit 8 Kabellängen – etwa 1500 m –
Zwischenraum.

Rodney eröffnete das Feuer um 08.47, *King George V*
folgte eine Minute später. Ein Augenzeuge an Bord des
letzteren schilderte das Geschehen:

»An Backbord gab es eine Art krachenden Donners – *Rodney* hat mit ihren 40,6 cm-Geschützen das Feuer eröffnet,

und nur Augenblicke später fallen die 35,6 cm-Geschütze von *King George V* ein. Ich habe mein Glas auf *Bismarck* gerichtet. Sie feuert mit allen vier Geschützen ihrer beiden vorderen Türme, vier schmale, orangefarbene Stichflammen. Die Deutschen stehen in dem Ruf, schon mit ihren ersten Salven zu treffen. Ich weiß jetzt, was Scheintod bedeutet. Es scheint fast zwei Stunden zu dauern, bis die Aufschläge dieser Granaten kommen!! Die Wassersäulen schießen beim Nebenmann empor, aber jenseits der Back von *Rodney*.«[1]

Bismarck eröffnete um 08.50 Uhr das Feuer. Nachdem die erste Salve kurz lag, deckte sie mit der dritten und vierten *Rodney* ein. Da diese Manöverierfreiheit hatte, konnte sie Ausweichkurse steuern, indem sie jeweils auf den Aufschlag der letzten Salve zudrehte in der Gewißheit, daß die nächste mit Seiten- und Entfernungsverbesserungen geschossen und daher wieder fehlgehen würde. Um 08.54 Uhr griff *Norfolk* mit ihren 20,3 cm-Geschützen in das Gefecht ein. Sie stand in einer Entfernung von etwa 220 Hektometern steuerbord voraus vom Gegner. Fünf Minuten später, als die Entfernung auf 160 Hektometer abgenommen hatte, drehte *King George V* nach steuerbord, um auch dem achteren Turm seinen Bestreichungswinkel zu öffnen. *Rodney,* die weiter vom Flaggschiff abgestaffelt hatte, folgte der Drehung einige Minuten danach, doch hatten die beiden Schiffe inzwischen einen Abstand von etwa 2,5 Meilen. Mit dem Wind von steuerbord achteraus gab es jetzt erhebliche Sichtbehinderung durch Pulver-

[1] Zitiert von F. McMurtrie in: *The Cruise of the Bismarck*, p. 32.

qualm und Schornsteinabgase, so daß die Aufschlagbe-
obachtung sehr schwierig wurde. Diesem Problem konnte
bis zu einem gewissen Grade mit Hilfe von Radar begegnet
werden. Bald nachdem *King George V* nach Süden gedreht
hatte, ging *Bismarck* auf Nordkurs und verlegte ihr Feuer
auf das britische Flaggschiff, so daß es zu einem Passiergefecht kam. Der Augenzeuge an Bord von *King George V*
berichtet:

»*Bismarck* drehte nach Norden, sie lief etwa 12 oder 14 kn.
Wir behielten Zickzack-Kurs bei, um dem Gegner das Ent-
fernungsmessen zu erschweren, ließen aber gleichzeitig die
Entfernung schnell abnehmen. Immer wieder sagte der
Admiral: ›Näher ran; näher, noch näher – ich kann nicht
genug Treffer sehen‹, und so gingen wir bis auf geringe
Entfernung heran.«[2]

Um 09.02 Uhr wurden einer oder mehrere Treffer von
Rodney im Vorschiff von *Bismarck* beobachtet, die allem
Anschein nach ihre vorderen Türme außer Gefecht gesetzt
hatten. Dies bestätigt auch der Bericht von Kapitänleutnant Junack:

»Kurz nach Gefechtsbeginn traf eine Granate den Ge-
fechtsmast, und der Artillerieleitstand im Vormars fiel
aus. Um 09.02 Uhr wurden die beiden vorderen schweren
Türme außer Gefecht gesetzt. Ein weiterer Treffer zerstörte den vorderen Kommandostand, und bald danach
wurde auch der achtere Stand getroffen – das bedeutete
das Ende aller Gefechtswerte.«[3]

[2] McMurtrie, a. a. O.
[3] Junack, a. a. O.

Um 09.04 Uhr eröffnete *Dorsetshire,* die steuerbord achteraus von *Bismarck* stand, das Feuer auf eine Entfernung
von 200 Hektometern, so daß diese nun aus allen Richtungen beschossen wurde. Die große Zahl der rings um sie liegenden Granateinschläge erschwerte die Aufschlagbeobach-
tung noch mehr, und *Dorsetshire* stellte nach neun Minuten das Feuer wieder ein. Die Entfernung zwischen *King
George V* und *Bismarck* stand jetzt bei etwa 120 Hektometern, und um 09.05 Uhr eröffnete auch die Mittelartillerie des Flaggschiffes mit den 13,2 cm-Geschützen das
Feuer. Das trug aber noch mehr zur Sichtbehinderung
durch Pulverqualm bei, und nach zwei oder drei Minuten
wurde ihr Feuereinstellung befohlen. Inzwischen schoß
Rodney sechs ihrer 62,2 cm-Torpedos auf den Gegner aus
einer geschätzten Entfernung von 110 Hektometern und
Norfolk aus einer geschätzten Entfernung von 160 Hektometern vier 53,3 cm-Torpedos. Aber keiner davon wurde
ein Treffer.
Bismarck kam jetzt sowohl für *King George V* als auch für
Rodney schnell achteraus, und Captain Dalrymple-Hamilton drehte um 09.16 Uhr mit seinem Schiff um 180° nach
Steuerbord. Nach der Drehung war er aber nur noch 86
Hektometer vom Gegner entfernt, und auf diese Entfernung hatten seine 40,6 cm-Geschütze eine wahrhaft ver-
nichtende Wirkung. *King George V* drehte erst neun Minuten später, und zwar drehte Captain Patterson 150°
nach Backbord, wobei er sich in einer Entfernung von
120 Hektometern zu *Bismarck* hielt. Auf *King George V*
liefen die Dinge nicht besonders gut. Nach Feuerlee wur-

de die Sicht auf das Ziel durch Rauch und die Granataufschläge von *Rodney* verdeckt, und das Feuerleit-Radargerät war zeitweilig ausgefallen. Ferner litten die 35,6 cm-Türme unter den gleichen mechanischen Störungen, die sich bereits bei denen von *Prince of Wales* gezeigt hatten. Ein Turm fiel für eine halbe Stunde, die beiden anderen für kürzere Zeiten aus, so daß die Feuerkraft für sieben Minuten um 80 Prozent und für 23 Minuten um 40 Prozent vermindert war. Unter weniger günstigen Umständen hätte das sehr ernste Folgen haben können. Um 10.05 Uhr ging *King George V* bis auf 30 Hektometer an *Bismarck* heran und schoß einige Salven auf diese direkte Schußweite. Nach dem Beschuß drehte King Georg V wieder auf nördlichen Kurs.

Die achteren Geschütze von *Bismarck*, die jetzt turmweise schossen, verlegten ihr Feuer wieder von *King George V* auf *Rodney*, wobei es einige Naheinschläge gab. Einer von ihnen beschädigte die Mündungsklappe des Steuerbord-Unterwasser-Torpedorohres, das soeben mit einem Torpedo nachgeladen worden war. Durch die Kursänderung nach Norden und gegen den Wind war die Sicht im Schußfeld wieder besser geworden und erlaubte es jetzt, die auf *Bismarck* eingetretenen Gefechtsschäden zu erkennen. Der bereits wiederholt zitierte Augenzeuge hat aufgezeichnet:

»Etwa in dieser Zeit wurde das kupferfarbene Aufglühen nach Einschlag von Granaten unserer Mittelartillerie in die gepanzerten Teile der Aufbauten immer häufiger; vom Fuß der Brückenaufbauten schoß eine grelle Flamme hoch, die diese flackernd für eine Sekunde bis zum Leitstand hinauf umzüngelte.«[4]

Bismarck schien währenddessen an Fahrt zu verlieren, und *Rodney* kam auf und begann sie zu überholen. Mit Zickzackkursen vor dem Bug setzte sie ihr vernichtendes Feuer auf den brennenden und schwer mitgenommenen Rumpf des deutschen Schiffes fort. Sie schoß abermals vier Torpedos, jedoch wiederum ohne Treffererfolg. Die meisten Geschütze von *Bismarck* waren zum Schweigen gebracht, nur der achtere erhöhte Turm und einzelne Geschütze der Mittelartillerie schossen noch, aber bis 10.10 Uhr waren auch diese verstummt. *Bismarck* hatte einen tapferen Kampf durchgefochten, aber die Übermacht gegen sie war zu erdrückend. Kapitänleutnant Junack fährt fort:

»Allmählich wurde der Gefechtslärm, Abschüsse waren von den Einschlägen einfach nicht zu unterscheiden, immer unregelmäßiger, bis es dann nur noch vereinzelt krachte. Die Maschinentelegrafen wurden von der Brücke kaum noch und nachher überhaupt nicht mehr bedient. Alle drei Turbinenräume waren von Rauch aus den Kesselräumen erfüllt. Glücklicherweise hatte kein Treffer die Panzerung über den Maschinenräumen oder der E-Anlage durchschlagen ... Etwa um 10.15 Uhr wurde mir über den Maschinenleitstand durchgegeben: ›Schiff klarmachen zum Versenken!‹ Das ist der letzte Befehl, den ich auf *Bismarck* erhalten habe. Unmittelbar danach fielen alle Befehlsübermittlungs-Anlagen aus.«[5]

[4] McMurtrie, a. a. O.
[5] Junack, a. a. O.

Andere Überlebende haben über die furchtbaren Zerstörungen innerhalb des Schiffskörpers ausgesagt. Lukendeckel und Türen waren, aus ihren Angeln gerissen, über die Decks verstreut. Die rote Glut der Brände beleuchtete die dunklen Gänge, dichter Qualm und Explosionsgase krepierender Granaten machten die Luft stickig und quollen aus den riesigen, bis zu 2 m großen Einschußlöchern im Oberdeck hervor. Mit Backbordschlagseite wälzte sich der einstige Stolz der deutschen Kriegsmarine jetzt als ein schwarzes und brennendes Wrack in der schweren Atlantikdünung. Aber trotz der schrecklichen Schäden, die *Bismarck* abbekommen hatte, sank sie nicht, sehr zur Überraschung Admiral Toveys. Es schien klar, daß weiteres Geschützfeuer das Ende nicht beschleunigen würde, und da seine beiden Schiffe mit dem Brennstoff fast am Ende waren, befahl er *King George V* und *Rodney* um 10.15 Uhr, das Gefecht abzubrechen und auf Kurs 27° zu gehen. Um 10.36 Uhr wies er *Dorsetshire* an, *Bismarck* mit Torpedos den Rest zu geben. Inzwischen waren aber bereits die Zünder der Sprengladungen zur Versenkung angeschlagen worden. Um 10.10 Uhr schoß *Norfolk*, nachdem sie abgewartet hatte, bis *King George V* und *Rodney* das Schußfeld freigemacht hatten, auf eine Entfernung von 40 Hektometern vier Torpedos. Obwohl zwei Treffer behauptet wurden, scheint nicht einer erzielt worden zu sein. Zehn Minuten später schoß die von Süden anlaufende *Dorsetshire* zwei Torpedos, von denen einer an Steuerbordseite unter der Brücke, der andere weiter achtern traf. Dann drehte sie um den Bug von *Bismarck* herum und

schoß um 10.36 Uhr aus 26 Hektometern einen weiteren
Torpedo von der Backbordseite. Nach diesem holte das
gewaltige Schiff nach Backbord über und begann über das
Heck zu sinken. Dann kenterte es und verschwand um
10.40 Uhr von der Wasseroberfläche.

Es ist viel darüber diskutiert worden, ob *Bismarck* nun infolge der erhaltenen Torpedotreffer, durch Zündung der
Sprengladungen oder durch eine Kombination beider gesunken ist. Nach unseren heutigen Erkenntnissen scheint
es angebracht, alle angeblichen Torpedotreffer bis auf die
sechs nachstehend aufgeführten außer Betracht zu lassen,
die zeigen, daß *Bismarck* sechs Treffer erhielt, drei von
45 cm-Flugzeugtorpedos und drei von 53,3 cm-Torpedos,
nämlich: Flugzeuge von *Victorious* – einer an Steuerbordseite; Flugzeuge von *Ark Royal* – einer an Backbord-, einer
an Steuerbordseite achtern;
Dorsetshire: zwei an Steuerbord-, einer an Backbordseite.
Abgesehen von dem entscheidenden Treffer, der das Ruder
beschädigte, ist es durchaus möglich, daß die anderen 45
cm-Torpedos nur wenig oder gar keinen Schaden anrich-
teten. Deshalb steht nur die Wirkung der drei Torpedos
von *Dorsetshire* in Frage. Jochen Brennecke, der offenbar
hierzu eine sehr eingehende Untersuchung angestellt hat,
hat folgendes zu sagen:

»Ist das Schlachtschiff als Folge der Torpedotreffer oder
der Selbstversenkungsmaßnahmen gesunken? Nach dem Bericht des Torpedooffiziers der *Dorsetshire* hätten die beiden ersten Torpedos, die aus naher Entfernung die Steuerbordseite der *Bismarck* trafen, keine sichtbare Wirkung

Captain P. Vian auf der Brücke des Zerstörers *Cossack*.

Luftaufnahme des Schlachtschiffes *King
George V*.

Linke Seite:
Admiral Sir John Tovey, der Oberbefehlshaber der Flotte, auf der Schanz
seines Flaggschiffes.

Oben: *King George V*, Flaggschiff von Admiral Sir John Tovey.

Mitte: Schlachtschiff *Rodney* mit seinen
gefechtsklar geschwenkten drei 40,6 cm-
Türmen.

Unten: 40,6 cm-Granaten von *Rodney*
schlagen achteraus von *Bismarck* ein.

Bismarck in Fahrt mit den Gefechtsschäden (tiefer liegendes Vorschiff).

Bismarck – eine Ölspur und eine Nebelbank. Aufgenommen von einem Fühlungshalter-Flugzeug.

Das Endgefecht: *Bismarck* in Brand gegen Ende des Kampfes.

erzielt. Der weitere Treffer, der von dem schweren Kreuzer dann auf der Backbordseite angebracht wurde, habe dann das Ende herbeigeführt. Dem gegenüber stehen Augenzeugenaussagen, am Schiffskörper keinerlei Torpedotrefferwirkungen gesehen zu haben, als *Bismarck* kenterte. An sich, so sagt der Fachmann und verantwortliche Schiffbauer der *Bismarck*-Klasse, waren die Torpedoschotte stark genug, um Beanspruchungen von sogar mehreren Torpedotreffern gewachsen zu sein. Es ist aber möglich, daß bei dem dritten Torpedo das durch die Selbstversenkungsmaßnahmen in die unteren Räume inzwischen weiter eingedrungene Wasser die Stabilität des Schiffskörpers und der Torpedoschutzeinrichtungen so vermindert hat, daß *Bismarck* kenterte.«

Er fährt dann fort:

»Die Frage, ob das waidwunde Schiff ohne die Selbstversenkungsmaßnahmen und nur durch die Torpedotreffer gesunken wäre, ist also mit einem klaren ›Ja‹ nicht zu beantworten. Viel wahrscheinlicher, wenn auch nicht ganz beweisbar, ist aber die andere These, die Torpedotreffer seien gänzlich ohne Wirkung geblieben und das Ende der *Bismarck* sei ausschließlich auf die eingeleiteten Maßnahmen zur Selbstversenkung zurückzuführen.«[6]

Es ist schwer glaubhaft, daß eine Torpedodetonation auf der Außenhaut eines Schiffes, selbst eines so gut gebauten wie *Bismarck*, keine sichtbare Wirkung haben würde, obwohl sie sogar die wasserdichte Unterteilung des Schiffes nicht beeinträchtigt haben könnte. Angesichts der Tatsache

[6] Brennecke, a. a. O., S. 402.

aber, daß der dritte und letzte Torpedo von *Dorsetshire* erst etwa 15 Minuten nach Anschlagen der Sprengladungen geschossen wurde, ist es sehr wahrscheinlich, daß die Wirkung dieser Detonation an dem bereits sinkenden Schiff sein Ende beschleunigt hat.

In seinem Gechtsbericht zollte Admiral Tovey seinem Gegner eine geziemende Achtung:

»*Bismarck* hat einen äußerst tapferen Kampf gegen eine erdrückende Übermacht gefochten, der der alten Tage der deutschen Kaiserlichen Marine würdig war, und sie sank mit wehender Flagge.« [7]

Dorsetshire stand am nächsten zur Untergangsstelle und forderte eines der darüber kreisenden Flugzeuge von *Ark Royal* zur Ubootsicherung für sich an, während sie gestoppt lag, um Überlebende zu bergen, wobei ihr der Zerstörer *Maori* Hilfe leistete. Als der Kreuzer unter schwierigsten Bedingungen bei dem in der schweren See und Dünung stark rollenden Schiff etwa 80 Mann geborgen hatte, wurde etwa zwei Meilen in Lee eine verdächtige Raucherscheinung gesichtet. In der Annahme, daß sie auf Anwesenheit eines Ubootes hindeuten könnte, nahm er widerstrebend Fahrt auf und überließ es *Maori*, noch das Mögliche für die übrigen zu tun. Zusammen retteten beide Schiffe vier Offiziere und 110 Mann. Später am Abend rettete das Uboot *U 75* drei weitere Männer, und in der folgenden Nacht konnte das deutsche Fischereifahrzeug *Sachsenwald*, das als Wetterbeobachtungsschiff aus Bor-

[7] *Die Versenkung der Bismarck,* Beilage zur London Gazette Nr. 38098 vom 16. 10. 1947.

deaux kam, noch zwei weitere an Bord nehmen. Auch der spanische Kreuzer *Canarias* lief mit hoher Fahrt zur Untergangsstelle, fand aber nur im Wasser treibende Leichen. So wurden von einer Besatzung von über 2400 Mann nur 119 gerettet.

Die Furcht vor der Anwesenheit von Ubooten war, wie sich in der Folge herausstellte, völlig berechtigt. *U 556* hatte Befehl erhalten, zur Übernahme des Kriegstagebuches zu *Bismarck* zu gehen, hatte dabei jedoch keinen Erfolg. Es wurde einen Monat später versenkt, und aus den Aussagen von Überlebenden ergab sich, daß es sich am 26. Mai um 21.00 Uhr plötzlich in Angriffsentfernung von *Renown* und *Ark Royal* gesehen hatte, wobei letztere wegen des Flugbetriebes geraden Kurs gesteuert hatte. Das Boot hatte jedoch bereits alle seine Torpedos verschossen und konnte deshalb die Schiffe nicht angreifen. Der deutsche Bericht über die Unternehmung besagt außerdem: »Die Unterstützungsmöglichkeiten für *Bismarck* erschöpfen sich daher in dem entschlossenen Ansatz der Luftwaffe und der in der Biscaya verfügbaren Uboote. Sämtliche in Frage kommenden Uboote werden mit oder ohne Torpedos am vermuteten Standort *Bismarck* zusammengezogen.«[8]

Bei ihrem Abmarsch nach Norden wurden *King George V* und *Rodney* von *Cossack*, *Sikh* und *Zulu* begleitet, zu denen bis zum folgenden Tage um 16.00 Uhr weitere elf Zerstörer stießen, die von der Admiralität als Ubootsiche-

---

[8] Lagevorträge des Oberbefehlshabers der Kriegsmarine vor Hitler 1939–1945, München 1972, S. 251.

rung für die beiden Schlachtschiffe entsandt worden waren. Während man völlig darauf gefaßt war, daß die Deutschen durch schwere Luftangriffe an den beiden Schlachtschiffen Vergeltung für das Versenken von *Bismarck* üben würden, solange sie sich noch in Reichweite der französischen Flugplätze befanden, gelang es am Ende lediglich vier Flugzeugen, den Verband zu finden. Eine Maschine griff einen Zerstörer der Sicherung an, eine andere warf beim Angriff eines Blenheim-Jägers der Luftsicherung der Flotte ihre Bomben im Notwurf ab. Der Oberbefehlshaber erreichte wohlbehalten mit seinem Verband am 29. Mai um 12.30 Uhr Loch Ewe. Zwei Zerstörer aus der Flottille von Captain Vian, *Tartar* und *Mashona*, die beide kaum noch Brennstoff hatten, deshalb die Fahrt des übrigen Verbandes nicht hatten halten können und etwa 100 Meilen zurückgeblieben waren, hatten nicht so viel Glück. Sie wurden am 28. Mai um 09.55 Uhr von einem starken feindlichen Kampfverband angegriffen, der auf die Schlachtschiffe angesetzt worden war. Die beiden Zerstörer wehrten hartnäckig die Angreifer ab und versuchten, den auf sie gezielten Bomben auszuweichen, aber *Mashona* wurde getroffen und begann zu sinken. In einer Angriffspause stoppte *Tartar* und übernahm die Besatzung, blieb dann aber während des restlichen Tages Ziel weiterer Angriffe. Am späten Nachmittag kamen zwei weitere Zerstörer hinzu, die Admiral Tovey geschickt hatte, und alle drei Schiffe erreichten am nächsten Tage unversehrt den Hafen. Die Verluste beim Untergang von *Mashona* betrugen einen Offizier und 45 Mann.

DAS URTEIL DES OBERBEFEHLSHABERS
ÜBER DAS GEFECHT

Insgesamt hatten fünf Schlachtschiffe, drei Schlachtkreuzer, zwei Flugzeugträger, vier schwere und sieben leichte Kreuzer, einundzwanzig Zerstörer, dazu einige fünfzig Flugzeuge vom Coastal Command an den Operationen teilgenommen, die schließlich mit der Versenkung der *Bismarck* endeten und die eine der dramatischsten Episoden des Zweiten Weltkrieges darstellten. Sie boten ein ausgezeichnetes Beispiel für die Anwendung von Seeluft- oder maritimer Macht, in der sowohl land- als auch trägergestützte Flugzeuge eine entscheidende Rolle spielten. Das Fehlen einer Unterstützung des Schiffes aus der Luft hatte seinen Untergang zur Folge, wie Raeder es durchaus für möglich gehalten hatte. In einer wohlverdienten Anerkennung an die beteiligten britischen Streitkräfte schrieb Admiral Sir John Tovey:
»Obwohl ich es nicht anders erwartet hatte, bereiteten mir die Zusammenarbeit, das Können und das Verständnis, die von allen Verbänden während dieser lang andauernden Jagd bewiesen wurden, die größte Genugtuung. Befehlshaber und Kommandanten abgesetzter Gruppen und Schiffe trafen ohne Unterschied die Maßnahmen, die ich verlangt hätte, bevor oder ohne daß sie dazu Anweisungen von mir erhalten hatten. Die Haltung aller Offiziere und Männer der Flotte, die zu führen ich die Ehre habe, entsprachen der Tradition der Marine. Die Kampfgruppe H wurde von Vice-Admiral Sir James F. Somerville während des ganzen

Unternehmens mit hervorragendem Geschick geführt und hatte entscheidenden Anteil an seinem erfolgreichen Abschluß. Die Genauigkeit der Unterrichtung von der Admiralität über die Gegnerlage und die Schnelligkeit, mit der sie übermittelt wurde, war bemerkenswert; die Ausgewogenheit zwischen Unterrichtung und Befehlen für diejenigen Verbände, die außerhalb meiner Sichtweite operierten, war ideal.«[9]

Die wertvolle Rolle, die das Coastal Command gespielt hatte, fand ihre Anerkennung in einem Schreiben der Admiralität an seinen Oberbefehlshaber:

»Die Admiralität erkennt dankbar die Rolle an, die die unter Ihrem Kommando stehenden Aufklärungsverbände gespielt haben. Sie trugen in großem Maße zum erfolgreichen Ausgang der kürzlich durchgeführten Operationen bei.«

DER VERBLEIB VON PRINZ EUGEN

Von *Prinz Eugen* waren von dem Zeitpunkt, an dem er sich am 24. Mai etwa um 18.00 Uhr von *Bismarck* getrennt hatte, bis zum 4. Juni, als das Einlaufen des Schiffes in Brest gemeldet wurde, keine Nachrichten eingetroffen. Nachdem er entlassen worden war, galten die Gedanken von Kapitän zur See Brinkmann zuerst der Brennstoffergänzung aus einem der zu diesem Zweck bereitgestellten

---

[9] Offizieller Bericht, Abs. 92 und 93, London Gazette Nr. 38098.

Troßschiffe. Er ging dementsprechend auf einen Kurs, der zum Treffen mit den Tankern *Spichern* und *Esso Hamburg* führen sollte, die 400 Meilen westlich bzw. 450 Meilen nordwestlich der Azoreninsel Fayal standen. Am 26. Mai traf er um 09.06 Uhr *Spichern* und übernahm Brennstoff von ihr. Zwei Spähschiffe, *Gonzenheim* und *Kota Penang*, ursprünglich 300 Meilen südlich Kap Farewell aufgestellt, waren ihm zur Verfügung gestellt worden. Am 27. Mai abends traf er mit ihnen zusammen und füllte am folgenden Tag seinen Brennstoffvorrat aus *Esso Hamburg* noch einmal voll auf. Er wollte weiter nach Süden gehen und Kreuzerkrieg im Seegebiet nördlich und westlich der Kapverdischen Inseln führen. Am 29. Mai wurde ihm jedoch von seinem Leitenden Ingenieur mitgeteilt, daß eine Untersuchung der Hauptmaschinen die Notwendigkeit einer längeren Überholung ergeben hätte. So gab er seinen Plan auf und entschloß sich, mit möglichst hoher Fahrt Brest anzulaufen. Dort lief er am 1. Juni ein, nachdem er insgesamt 7000 Seemeilen mit einer durchschnittlichen Fahrt von 24 kn zurückgelegt hatte. Sein Einlaufen stellte das Ende des Unternehmens »Rheinübung« dar, gleichzeitig aber auch das Ende aller Hoffnungen auf eine Verwendung deutscher Überwassereinheiten im Handelskrieg. Raeder schreibt:

»Die Folgen des Untergangs der ›Bismarck‹ waren für die Führung des Seekrieges einschneidend. Auch das Verhalten Hitlers auf die von mir vorgeschlagenen Maßnahmen für den Seekrieg wurde jetzt anders. Während er mir bis dahin im allgemeinen freie Hand gelassen hatte, ... wurde er jetzt sehr viel kritischer und bestand mehr auf seinen eigenen Ansichten als vorher ... Nun schränkte er durch seine Anweisungen an mich die Verwendung der großen Schiffe erheblich ein.«[10]

Auf der Sollseite mußte ferner der Verlust der meisten Versorger und Spähschiffe verzeichnet werden, die das Unternehmen hatten unterstützen sollen. Bis Mitte Juni hatten sich alle (mit Ausnahme des Tankers *Spichern* und des Spähschiffes *Kota Penang*) entweder selbst versenken müssen oder waren von Schiffen der britischen Flotte versenkt worden.

[10] Raeder, a. a. O., S. 271.

Anhang

LISTE DER FLAGGOFFIZIERE
UND KOMMANDANTEN DER SCHIFFE, DIE
AN DEN OPERATIONEN
GEGEN BISMARCK BETEILIGT WAREN

Name des Schiffes	Typ*Flaggoffizier und/oder Kommandant		Ausgangs-position
King George V	B	Flaggschiff Admiral Sir John Tovey, Oberbefehls-haber der *Home Fleet* Captain W. R. Patterson	Scapa Flow
Rodney	B	Captain F. H. G. Dal-rymple-Hamilton	In See
Repulse	BC	Captain W. C. Tennant	Clyde
Hood	BC	Flaggschiff Vice-Admiral L. E. Holland Captain R. Kerr	Scapa Flow
Prince of Wales	B	Captain J. C. Leach	Scapa Flow

* AC = Flugzeugträger, B = Schlachtschiff, BC = Schlachtkreuzer, C = Kreuzer, D = Zerstörer, S/M = Uboot

137

Name des Schiffes	Typ*	Flaggoffizier und/oder Kommandant	Ausgangs- position
Victorious	AC	Captain H. C. Bowell	Scapa Flow
Norfolk	C	Flaggschiff Rear-Admiral W. F. Wake-Walker Captain A. J. L. Phillip	Dänemark- straße
Suffolk	C	Captain R. M. Ellis	Dänemarkstraße
Galatea	C	Flaggschiff Rear-Admiral A. T. B. Curteis Captain E. W. B. Sim	Scapa Flow
Aurora	C	Captain W. G. Agnew	Scapa Flow
Kenya	C	Captain M. M. Denny	Scapa Flow
Neptune	C	Captain R. C. O'Conor	Scapa Flow
Arethusa	C	Captain A. C. Chapman	In See
Edinburgh	C	Commodore C. M. Blackman	In See
Manchester	C	Captain H. A. Packer	Island/
Birmingham	C	Captain A. C. G. Madden	Faröer- Passage
Inglefield	D	Captain (Flottillenchef) P. Todd	Scapa Flow
Active	D	Lieut-Commander M. W. Tomkinson	Scapa Flow
Antelope	D	Lieut-Commander R. B. N. Hicks	Scapa Flow
Achates	D	Lieut-Commander Viscount Jocelyn	Scapa Flow
Anthony	D	Lieut-Commander J. M. Hodges	Scapa Flow
Electra	D	Commander C. W. May	Scapa Flow
Echo	D	Lieut-Commander C. H. de B. Newby	Scapa Flow

Name des Schiffes	Typ	*Flaggoffizier und/oder Kommandant	Ausgangs-position
Somali	D	Captain (Flottillenchef) C. Caslon	
Tartar	D	Commander L. P. Skipwith	In See
Mashona	D	Commander W. H. Selby	mit
Eskimo	D	Lieutenant J. V. Wilkinson	*Rodney*
Punjabi	D	Commander S. A. Buss	Scapa Flow
Intrepid	D	Commander R. C. Gordon	Scapa Flow
Icarus	D	Lieut-Commander D. C. Maud	Scapa Flow
Nestor	D	Commander C. B. Alers-Hankey	Scapa Flow
Jupiter	D	Lieut-Commander N. V. J. T. Thew	Londonderry

KOMMANDO DER »WESTERN APPROACHES«
(Westzufahrten)

Name des Schiffes	Typ	*Flaggoffizier und/oder Kommandant	Ausgangs-position
Hermione	C	Captain G. N. Oliver	Scapa Flow
Lance	D	Lieut-Commander R. W. F. Northcott	Scapa Flow
Legion	D	Commander R. F. Jessel	Clyde als
Saguenay	D	Commander G. R. Miles (Kanada)	Sicherung für
Assiniboine		Commodore G. C. Jones (Kanada)	*Repulse*

Name des Schiffes	Typ*Flaggoffizier und/oder Kommandant		Ausgangs-position
Columbia	D	Lieut.-Commander S. W. Davis	Londonderry

BEREICHSKOMMANDO PLYMOUTH

Cossack	D	Captain (Flottillenchef) P. L. Vian	
Sikh	D	Commander G. H. Stokes	Clyde als Geleit für Konvoi WS. 8 B
Zulu	D	Commander H. R. Graham	
Maori	D	Commander H. T. Armstrong	
Piorun	D	Commander E. Plawski (Polen)	

BEREICHSKOMMANDO NORE

Windsor	D	Lieut-Commander Hon. J. M. G. Waldegrave	Scapa Flow

KAMPFGRUPPE H

Renown	BC	Flaggschiff Vice-Admiral Sir James F. Somerville Captain R. R. McGrigor	Gibraltar

Name des Schiffes	Typ*	Flaggoffizier und/oder Kommandant	Ausgangs-position
Ark Royal	AC	Captain L. E. Maund	Gibraltar
Sheffield	C	Captain C. A. A. Larcom	Gibraltar
Faulknor	D	Captain (Flottillenchef) A. F. de Salis	Gibraltar
Foresight	D	Commander J. S. C. Salter	Gibraltar
Forester	D	Lieut-Commander E. B. Tancock	Gibraltar
Foxhound	D	Commander G. H. Peters	Gibraltar
Fury	D	Lieut-Commander T. C. Robinson	Gibraltar
Hesperus	D	Lieut-Commander A. A. Tait	Gibraltar

BEREICHSKOMMANDO AMERIKA UND WESTINDIEN

Ramillies	B	Captain A. D. Read	In See
Revenge	B	Captain E. R. Archer	Halifax, Neuschottl.

BEREICHSKOMMANDO SÜDATLANTIK

Dorsetshire	C	Captain B. C. S. Martin	In See

Name des Schiffes	Typ*	Flaggoffizier und/oder Kommandant	Ausgangs-position
UNTERSEEBOOTE			
Minerve	S/M	Lieut. de Vaisseau P. M. Sommerville (Freies Frankreich)	Auf Unter-nehmung vor Südwest-Norwegen
P 31	S/M	Lieut J. B. de B. Kershaw	Scapa Flow
Sealion	S/M	Commander B. Bryant	
Seawolf	S/M	Lieut P. L. Field	Ärmel-Kanal
Sturgeon	S/M	Lieut-Commander D. St Clair Ford	
Pandora	S/M	Lieut-Commander J. W. Linton	Auf dem Marsch Gibraltar–England
Tigris	S/M	Lieut-Commander H. F. Bone	Clyde
H 44	S/M	Lieut W. N. R. Knox	Rothesay

TECHNISCHE DATEN (BRITISCHE SCHIFFE)

SCHLACHTSCHIFFE *KING GEORGE V* UND *PRINCE OF WALES*

Verdrängung: 38 000 ts Standard, 44 460 ts maximal.

Abmessungen: Länge über alles 213 m; Breite 31,4 m. Tiefgang 8,4 m.

Antrieb: 8 Admiralitätskessel. Getriebeturbinen. 4 Wellen. 125 000 WPS.

Geschwindigkeit: 29 kn.

Bewaffnung: Zehn 35,6 cm-Geschütze (2 × 4), (1 × 2). Sechzehn 13,3 cm Seeziel- und Fla-Geschütze (8 × 2). 48-4 cm-Flak (6 × 8). Sechzehn 2 cm-Flak in Einzellafette.

Panzerung: Vorschiff 138 mm, Munitionskammern 381 mm, Maschinenräume 356 mm, Achterschiff 115 mm.

35,6 cm-Türme: Stirnwand 406 mm, Seiten 381 mm, Decke 229 mm.

13,3 cm-Türme: 152 mm.

Kommandoturm und Barbetten: 406 mm.

Deck: vorn und achtern 25 mm, über Munitionskammern 152 mm, über Maschinenräumen 127 mm.

Funkmeß-(Radar-)geräte: Typ 281 B – 3 m-Gerät für Luftraumbeobachtung und Entfernungsmessen, zugleich für schwere Artillerie.

Typ 282 – 50 cm-Gerät für leichte Flak.

Typ 284 – 50 cm-Gerät für Entfernungsmessen.

Typ 285 – am Fla-Leitgerät der Mittelartillerie.

Besatzung: 1640 Mann (ohne Stab).

Bauwerften: *King George V:* Vickers Armstrong, Stapellauf 21. 2. 39.

Prince of Wales – Cammell Laird, Stapellauf 3. 5. 39.

SCHLACHTKREUZER *HOOD*

Verdrängung: 42 462 ts Standard, 48 360 maximal.

Abmessungen: Länge in der KWL 262 m; Breite 32 m; Konstruktionstiefgang 8,6 m, 1940 jedoch 9,5 m.

Antrieb: Admiralitätskessel. Getriebeturbinen. 4 Wellen. 144 000 WPS.

Geschwindigkeit: Konstruktion 32 kn, 1940 jedoch 29,5 kn.

Bewaffnung: Acht 38,1 cm-Geschütze (4 × 2). Zwölf 14 cm-Geschütze (sechs auf jeder Seite). Acht 10 cm-Flak (4 × 2). 24-4 cm-Flak (3 × 8). Vier 53,3 cm-Torpedos in Überwasser-Doppelrohren. Drahtraketen.

Panzerung: Hauptgürtelpanzer Vorschiff 127 mm, mittschiffs 305 mm, Achterschiff 152 mm, bis 2,9 m unter Panzerdeck reichend. Ein Panzergang von 178 mm über dem Gürtelpanzer bis zum Oberdeck, das 37 mm stark war. Panzerdeck 76 mm, unteres Panzerdeck 51 mm.

Funkmeß- (Radar-) Geräte: Über die Ausrüstung des Schiffes liegen keine Unterlagen vor, nach zuverlässigen Angaben war jedoch nur das Artillerie-Leitgerät Typ 284 eingebaut.

Besatzung: als Flaggschiff 1421 Mann.

Bauwerft: John Brown & Co., Clydebank, Stapellauf 22. 8. 18.

SCHLACHTSCHIFF *RODNEY*

Verdrängung: 33 900 ts Standard.
Abmessungen: Länge 210 m; Breite 32,3 m; Tiefgang 8,6 m.
Antrieb: Getriebeturbinen. 2 Wellen. 45 000 WPS.
Geschwindigkeit: Konstruktion 23 kn, 1941 jedoch ca. 21 kn.
Bewaffnung: Neun 40,6 cm-Geschütze (3 × 3). Zwölf 15,2
    cm-Geschütze (6 × 2). Sechs 12 cm-Flak in Einzellafette.
    24-4 cm-Flak (3 × 8) – erst nach dem Gefecht am 26. Mai
    eingebaut. Zwei 62,2 cm-Unterwasser-Torpedorohre.
Panzerung: Gürtelpanzer 356 mm in Höhe Munitionskam-
    mern und Maschinenräume. Deck 96 mm im Vorschiff,
    165 mm über Munitionskammern und Maschinenräumen.
    40,6 cm-Türme Stirnwand und Seiten 406 mm, Decken
    229 mm. Kommandoturm und Barbetten 406 mm.
Funkmeß- (Radar-) Geräte: Typ 281 – 3 m-Gerät für Luft-
    raumbeobachtung und Seeziel-Entfernungsmessen.
    Typ 284 – 50 cm-Gerät für Entfernungsmessen.
Besatzung: 1314 Mann.
Bauwerft: Cammell Laird, Stapellauf 17. 12. 25.

SCHLACHTSCHIFFE *RAMILLIES* UND *REVENGE*

Verdrängung: 29 150 ts Standard.
Abmessungen: Länge über alles 189 m, in der KWL 176 m;
    Breite 27 m, mit Wulsten 31 m; Tiefgang 8,6 m.
Antrieb: Turbinen. 4 Wellen. 40 000 WPS.
Geschwindigkeit: 21,5 kn.

Bewaffnung: Acht 38,1 cm-Geschütze (4 × 2). Zwölf 15 cm-
Geschütze in Einzellafette. Acht 10,2 cm-Flak (4 × 2).
Sechzehn 4 cm-Flak (2 × 8). *Revenge* 2, *Ramillies* 4-53,3
cm-Torpedos in Einzelrohren.

Panzerung: Gürtelpanzer an den Enden 102–152 mm, mittschiffs 152–330 mm. Deck im Vorschiff 25–63 mm, mittschiffs 36–51 mm, im Achterschiff 76–139 mm. Turmseiten 330 mm, Decken 108 mm. Kommandoturm 279 bis
330 mm.

Besatzung: 1146 Mann.

Bauwerften: *Revenge* – Vickers Armstrong, Stapellauf
29. 5. 15.
Ramillies – Beardmore, Stapellauf 12. 9. 16.

SCHLACHTKREUZER *RENOWN*

Verdrängung: 32 000 ts Standard.

Abmessungen: Länge in der KWL 228 m; Breite 31,4 m;
Tiefgang 8,2 m.

Antrieb: Getriebeturbinen. 4 Wellen, 120 000 WPS.

Geschwindigkeit: 29 kn.

Bewaffnung: Sechs 38,1 cm-Geschütze (3 × 2). Zwanzig
11,5 cm-Seeziel- und Fla-Geschütze (10 × 2). 24-4 cm-
Flak (3 × 8).

Panzerung: Gürtelpanzer im Vorschiff 100–150 mm, mittschiffs 150–230 mm, im Achterschiff 76 mm. Deck 63 bis
76 mm im Vorschiff, 76–102 mm mitschiffs, 88–102 mm
im Achterschiff. Turmseiten 280 mm, -decken 230 mm.
Kommandoturm 254 mm.

146

Flugzeuge: Zwei Walrus (amphibisch).
Besatzung: 1205 Mann.
Bauwerft: Fairfields, Stapellauf 4. 3. 16. Umgebaut und modernisiert bei Cammell Laird.

SCHLACHTKREUZER *REPULSE*

Verdrängung: 32 000 ts Standard.
Abmessungen: Länge in der KWL 228 m; Breite 31,4 m; Tiefgang 8,2 m.
Antrieb: Getriebeturbinen. 4 Wellen. 120 000 WPS.
Geschwindigkeit: 29 kn.
Bewaffnung: Sechs 38,1 cm-Geschütze (3 × 2). Zwölf 10,2 cm-Geschütze (4 × 3). Acht 10,2 cm-Flak (2 × 2) und 4 in Einzellafette. Sechzehn 4 cm-Flak (2 × 8). Acht 53,3 cm-Überwasser-Torpedorohre.
Panzerung: Gürtelpanzer im Vorschiff 100–150 mm, mittschiffs 150–230 mm, 76 mm im Achterschiff. Deck 63 bis 76 mm im Vorschiff, 76–102 mm mittschiffs, 88–102 mm im Achterschiff. Turmseiten 280 mm, -decken 230 mm. Kommandoturm 254 mm.
Besatzung: 1181 Mann.
Bauwerft: John Brown Ltd., Stapellauf 8. 1. 16.

FLUGZEUGTRÄGER *VICTORIOUS*

Verdrängung: 26 000 ts Standard.

Abmessungen: Länge in der KWL 205 m, über alles 229 m; Breite 29 m; Tiefgang 7,3 m.

Antrieb: Getriebeturbinen. 3 Wellen. 110000 WPS.

Geschwindigkeit: 32 kn.

Panzerung: Gürtelpanzer und Hangarseiten 114 mm, Flugdeck 63– 76 mm.

Bewaffnung: Sechzehn 11,5 cm-Seeziel- und Fla-Geschütze (8 × 2). 48-4 cm-Flak (6 × 8). Acht 2 cm-Flak in Einzellafette.

Flugzeuge: 72.

Besatzung: 1392 Mann.

Bauwerft: Vickers Armstrong, Stapellauf 14. 9. 39.

FLUGZEUGTRÄGER *ARK ROYAL*

Verdrängung: 22 000 ts Standard.

Abmessungen: Länge in der KWL 209 m, über alles 244 m; Breite 28,8 m; Tiefgang 6,9 m.

Antrieb: Getriebturbinen. 3 Wellen. 102 000 WPS.

Geschwindigkeit: 30,8 kn.

Panzerung: Gürtelpanzer 115 m, Flugdeck 63–76 mm.

Bewaffnung: Sechzehn 11,5 cm-Flak (8 × 2). 48-4 cm-Flak (6 × 8). Acht 2 cm-Flak in Einzellafette.

Flugzeuge: 72.

Besatzung: 1575 Mann.

Bauwerft: Cammell Laird Ltd., Stapellauf 13. 4. 37.

148

Verdrängung: 9 925 ts Standard.
Abmessungen: Länge in der KWL 179 m, über alles 192 m;
Breite 20 m; Tiefgang 5,2 m.
Antrieb: Getriebeturbinen. 4 Wellen. 80 000 WPS.
Geschwindigkeit: 32 kn.
Bewaffnung: Acht 20,3 cm-Geschütze (4 × 2). Acht 10,2
cm-Flak (4 × 2). Sechzehn 4 cm-Flak (2 × 8). Acht
53,3 cm-Torpedos (2 × 4) in Überwasser-Rohrgruppen.
Panzerung: Gürtelpanzer 76–127 mm. Deck 38–102 mm.
Türme 38–51 mm. Kommandoturm 76 mm.
Funkmeß (Radar): *Norfolk* Typ 286 P – 1,5 m-Gerät mit
zwei starren Antennen.
Besatzung: als Flaggschiff 710, sonst 679 Mann.
Bauwerften: *Norfolk* – Fairfield, Stapellauf 12. 12. 28,
Dorsetshire – Werft Portsmouth, Stapellauf 29. 1. 29.

KREUZER *SUFFOLK*

Verdrängung: 9 800 ts Standard.
Abmessungen: Länge in der KWL 179 m, über alles 192 m;
Breite 20,7 m; Tiefgang 4,9 m.
Antrieb: Getriebeturbinen. 4 Wellen. 80 000 WPS.
Geschwindigkeit: 31,5 kn.
Bewaffnung: Acht 20,3 cm-Geschütze (4 × 2). Acht 10,2
cm-Flak (4 × 2). Acht 4 cm-Flak (2 × 4). Vier 53,3 cm-
Torpedos in Überwasser-Rohren.

Panzerung: Gürtel 76–127 mm. Deck 38 mm. Türme 38 bis 51 mm. Kommandoturm 76 mm.

Funkmeß (Radar): Typ 279 – 1,5 m-Gerät für Luftraumbeobachtung mit schwenkbarer Antenne, Typ 284 – 50 cm-Gerät für Artillerie-Feuerleitung.

Besatzung: als Flaggschiff 710, sonst 679 Mann.

Bauwerft: Werft Portsmouth, Stapellauf 16. 2. 26.

KREUZER *BIRMINGHAM* UND *SHEFFIELD*

Verdrängung: 9 100 ts.

Abmessungen: Länge in der KWL 170 m, über alles 179,5 m; Breite 18,8 m; Tiefgang 5,2 m.

Antrieb: Getriebeturbinen. 4 Wellen. 75 000 WPS.

Geschwindigkeit: 32 kn.

Bewaffnung: Zwölf 15,2 cm-Geschütze (4 × 3). Acht 10,2 cm-Flak (4 × 2). Acht 4 cm-Flak (2 × 4). Sechs 53,3 cm-Torpedos (2 × 3) in Überwasser-Rohrgruppen.

Panzerung: Gürtel 76–102 mm. Deck 51 mm. Türme 25,5 bis 51 mm. Kommandoturm 102 mm.

Flugzeuge: Drei.

Besatzung: 700 Mann.

Bauwerften: *Birmingham* – Werft Devonport, Stapellauf 1. 9. 36, *Sheffield* – Vickers Armstrong, Stapellauf 23. 7. 36.

KREUZER *MANCHESTER*

Verdrängung: 9 400 ts.
Abmessungen: Länge in der KWL 170 m, über alles 179,5 m;
   Breite 19 m; Tiefgang 5,3 m.
Antrieb: Getriebeturbinen. 4 Wellen. 82 500 WPS.
Geschwindigkeit: 32,5 kn.
Bewaffnung: Zwölf 15,2 cm-Geschütze (4 × 3). Acht 10,2
   cm-Flak (4 × 2). Acht 4 cm-Flak (2 × 4). Acht 4 cm-
   Flak (4 × 2). Sechs 53,3 cm-Torpedos (2 × 3) in Über-
   wasser-Rohrgruppen.
Panzerung: Gürtel 76–102 mm. Deck 51 mm. Türme 25,5
   bis 51 mm. Kommandoturm 102 mm.
Flugzeuge: Drei.
Besatzung: 700 Mann.
Bauwerft: Hawthorn Leslie, Stapellauf 12. 4. 37.

KREUZER *EDINBURGH*

Verdrängung: 10 000 ts.
Abmessungen: Länge in der KWL 176 m, über alles 187 m;
   Breite 19,3 m; Tiefgang 5,2 m.
Antrieb: Getriebeturbinen. 4 Wellen. 80 000 WPS.
Geschwindigkeit: 32 kn.
Bewaffnung: Zwölf 15,2 cm-Geschütze (4 × 3). Zwölf
   10,2 cm-Flak (6 × 2). Sechzehn 4 cm-Flak (2 × 8). Sechs
   53,3 cm-Torpedos (2 × 3) in Überwasser-Rohrgruppen.

Panzerung: Gürtel 115 mm. Deck 51 mm. Türme 25 bis 64 mm. Kommandoturm 102 mm.

Flugzeuge: Drei.

Besatzung: 850 Mann.

Bauwerft: Swan Hunter, Stapellauf 31. 3. 38.

KREUZER *ARETHUSA, AURORA* UND *GALATEA*

Verdrängung: 5 220 ts Standard.

Abmessungen: Länge in der KWL 146 m, über alles 154 m; Breite 16,2 m; Tiefgang: 4 m.

Antrieb: Getriebeturbinen. 4 Wellen. 64 000 WPS.

Geschwindigkeit: 32 kn.

Bewaffnung: Sechs 15,2 cm-Geschütze (3 × 2). Acht 10,2 cm-Flak (4 × 2). Acht 4 cm-Flak (2 × 4). Sechs 53,3 cm-Torpedos (2 × 3) in Überwasser-Rohrgruppen.

Panzerung: Gürtel 51 mm. Deck 51 mm. Türme und Kommandoturm 25 mm.

Besatzung: 450 Mann.

Bauwerften: *Arethusa* – Werft Chatham, Stapellauf 6. 3. 34, *Aurora* – Werft Portsmouth, Stapellauf 20. 8. 36, *Galatea* – Scotts, Stapellauf 9. 8. 34.

KREUZER *KENYA*

Verdrängung: 8 000 ts Standard.

Abmessungen: Länge in der KWL 163,5 m, über alles 168,5 m; Breite 19 m; Tiefgang 5 m.

Antrieb: Getriebeturbinen. 4 Wellen. 72 500 WPS.
Geschwindigkeit: 33 kn.
Bewaffnung: Zwölf 15,2 cm-Geschütze (4 × 3). Acht 10,2
   cm-Flak (4 × 2). Neun 4 cm-Flak (2 × 4 und 1 in Ein-
   zellafette). Sechs 53,3 cm-Torpedos (2 × 3) in Überwas-
   ser-Rohrgruppen.
Panzerung: Gürtel 82 mm. Deck und Türme 51 mm. Kom-
   mandoturm 102 mm.
Flugzeuge: Drei.
Besatzung: 730 Mann.
Bauwerft: John Brown, Stapellauf 18. 8. 39.

KREUZER *NEPTUNE*

Verdrängung: 7 175 ts Standard.
Abmessungen: Länge in der KWL 161 m, über alles 168 m;
   Breite 16,8 m; Tiefgang 4,9 m.
Antrieb: Getriebeturbinen. 4 Wellen. 72 000 WPS.
Geschwindigkeit: 32,5 kn.
Bewaffnung: Acht 15,2 cm-Geschütze (4 × 2). Acht 10,2
   cm-Flak (4 × 2). Acht 4 cm-Flak (2 × 4). Acht 53,5 cm-
   Torpedos (2 × 4) in Überwasser-Rohrgruppen.
Panzerung: Gürtel 51–102 mm. Deck 51 mm. Türme und
   Kommandoturm 25 mm.
Flugzeuge: Eins.
Besatzung: 550 Mann.
Bauwerft: Werft Portsmouth, Stapellauf 31. 1. 33.

Verdrängung: 5 450 ts Standard.
Abmessungen: Länge in der KWL 148, über alles 155 m; Breite 15,4 m; Tiefgang 4,3 m.
Antrieb: Getriebeturbinen. 4 Wellen. 62 000 WPS.
Geschwindigkeit: 33 kn.
Bewaffnung: Zehn 13,3 cm-Seeziel- und Fla-Geschütze (5 × 2). Acht 4 cm-Flak (2 × 4). Sechs 53,3 cm-Torpedos (2 × 3) in Überwasser-Rohrgruppen.
Panzerung: Gürtel 51–76 mm. Deck 13–51 mm. Türme 25–51 mm. Kommandoturm 25 mm.
Besatzung: 550 Mann.
Bauwerft: Stephen, Stapellauf 18. 5. 39.

ZERSTÖRER (FLOTTILLENFÜHRER) *INGLEFIELD*

Verdrängung: 1 530 ts.
Abmessungen: Länge in der KWL 98,8 m, über alles 102,2 m; Breite 10,3 m; Tiefgang 2,7 m.
Antrieb: Getriebeturbinen. 2 Wellen. 38 000 WPS.
Geschwindigkeit: 36 kn.
Bewaffnung: Fünf 11,9 cm-Seeziel- und Fla-Geschütze in Einzellafette. Zehn 53,3 cm-Torpedos (2 × 5) in Überwasser-Rohrgruppen.
Besatzung: 175 Mann.
Bauwerft: Cammell Laird, Stapellauf 15. 10. 36.

Verdrängung: 1 370 ts.
Abmessungen: Länge in der KWL 94,6 m, über alles 98 m;
Breite 9,8 m; Tiefgang 2,6 m.
Antrieb: Getriebeturbinen. 2 Wellen. 34 000 WPS.
Geschwindigkeit: 36 kn.
Bewaffnung: Vier 11,9 cm-Seeziel- und Fla-Geschütze in
Einzellafette. Zehn 53,3 cm-Torpedos (2 × 5) in Über-
wasser-Rohrgruppen.
Besatzung: 145 Mann.
Bauwerften: *Intrepid* – White, Stapellauf 17. 12. 36, *Ica-
rus* – John Brown, Stapellauf 26. 11. 36.

ZERSTÖRER *ECHO* UND *ELECTRA*

Verdrängung: 1 375 ts Standard.
Abmessungen: Länge in der KWL 96,5 m, über alles 100 m;
Breite 10 m; Tiefgang 2,6 m.
Antrieb: Getriebeturbinen. 2 Wellen. 36 000 WPS.
Geschwindigkeit: 35,5 kn.
Bewaffnung: Vier 11,9 cm-Seeziel- und Fla-Geschütze in
Einzellafette. Acht 53,3 cm-Torpedos (2 × 4) in Über-
wasser-Rohrgruppen.
Bauwerften: *Echo* – Denny Brothers, Stapellauf 16. 2. 34,
Electra – Hawthorn Leslie, Stapellauf 15. 2. 34.

ZERSTÖRER *ANTHONY, ACHATES, ANTELOPE, ACTIVE*
UND *HESPERUS* (EX *BRAZILIAN*)

Verdrängung: 1350 ts Standard.
Abmessungen: Länge in der KWL 95 m, über alles 98 m;
   Breite 10,5 m; Tiefgang 2,6 m.
Antrieb: Getriebeturbinen. 2 Wellen. 34 000 WPS.
Geschwindigkeit: 35 kn.
Bewaffnung: Vier 11,9 cm-Geschütze in Einzellafette. Zwei
   4 cm-Flak in Einzellafette. Acht 53,3 cm-Torpedos
   (2 × 4) in Überwasser-Rohrgruppen.
Besatzung: 138 Mann.
Bauwerften: *Anthony* – Scotts, Stapellauf 24. 4. 29,
   Achates – J. Brown, Stapellauf 4. 10. 29,
   Antelope – Hawthorn Leslie 27. 7. 29,
   Active – Hawthorn Leslie 9. 7. 29,
   Hesperus – Thornycroft, Stapellauf 1. 8. 39.

ZERSTÖRER *JUPITER*

Verdrängung: 1690 ts Standard.
Abmessungen: Länge in der KWL 103 m, über alles 108 m;
   Breite 10, 8 m; Tiefgang 2,7 m.
Antrieb: Getriebeturbinen. 2 Wellen. 40 000 WPS.
Geschwindigkeit: 36 kn.
Bewaffnung: Sechs 11,9 cm-Geschütze (3 × 2). Vier 4 cm-
   Flak in Vierlingslafette. Zehn 53,3 cm-Torpedos (2 × 5)
   in Überwasser-Rohrgruppen.
Besatzung: 183 Mann.
Bauwerft: Yarrow Ltd., Stapellauf 27. 10. 38.

ZERSTÖRER *ASSINIBOINE* (KANADISCH)

Verdrängung: 1 390 ts Standard.
Abmessungen: Länge in der KWL 96,4 m, über alles 100 m;
  Breite 10 m; Tiefgang 2,4 m.
Antrieb: Getriebeturbinen. 2 Wellen. 36 000 WPS.
Geschwindigkeit: 35,5 kn.
Bewaffnung: Vier 11,9 cm-Geschütze in Einzellafette.
  Zwei 4 cm-Flak in Einzellafette. Acht 53,3 cm-Torpedos
  (2 × 4) in Überwasser-Rohrgruppen.
Besatzung: 175 Mann.
Bauwerft: Whites, Stapellauf 29. 10. 31.

ZERSTÖRER *SAGUENAY* (KANADISCH)

Verdrängung: 1 337 ts Standard.
Abmessungen: Länge in der KWL 93,7 m, über alles
  97,5 m; Breite 9,8 m; Tiefgang 2,3 m.
Antrieb: Getriebeturbinen. 2 Wellen. 32 000 WPS.
Geschwindigkeit: 34 kn.
Bewaffnung: Vier 11,9 cm-Geschütze in Einzellafette. Zwei
  4 cm-Flak in Einzellafette. Acht 53,3 cm-Torpedos
  (2 × 4) in Überwasser-Rohrgruppen.
Besatzung: 138 Mann
Bauwerft: Thornycroft, Stapellauf 11. 7. 30.

ZERSTÖRER (FLOTTILLENFÜHRER) *FAULKNOR*

Verdrängung: 1 475 ts Standard.
Abmessungen: Länge in der KWL 101 m, über alles 104 m;
 Breite 10 m; Tiefgang 2,6 m.
Antrieb: Getriebeturbinen. 2 Wellen. 38 000 WPS.
Geschwindigkeit: 36 kn.
Bewaffnung: Fünf 11,9 cm-Geschütze in Einzellafette. Acht
 53,3 cm-Torpedos (2 × 4) Überwasser-Rohrgruppen.
Besatzung: 175 Mann.
Bauwerft: Yarrow Ltd., Stapellauf 12. 6. 34.

ZERSTÖRER *FORESIGHT, FORESTER, FOXHOUND*
UND *FURY*

Verdrängung: 1 375 ts.
Abmessungen: Länge in der KWL 96,5 m, über alles
 99, 8 m; Breite 10 m; Tiefgang 2,6 m.
Antrieb: Getriebeturbinen. 2 Wellen. 36 000 WPS.
Geschwindigkeit: 35,5 kn.
Bewaffnung: Vier 11,9 cm-Geschütze in Einzellafette. Acht
 55,3 cm-Torpedos (2 × 4) in Überwasser-Rohrgruppen.
Bauwerften: *Foresight* – Cammell Laird, Stapellauf
 29. 6. 34,
 Forester – Whites, Stapellauf 28. 6. 34,
 Foxhound – J. Brown, Stapellauf 12. 10. 34,
 Fury – Whites, Stapellauf 10. 9. 34.

ZERSTÖRER *LANCE* UND *LEGION*

Verdrängung: 1 920 ts Standard.
Abmessungen: Länge in der KWL 105 m, über alles 110 m;
   Breite 11,2 m; Tiefgang 3 m.
Antrieb: Getriebeturbinen. 2 Wellen. 48 000 WPS.
Geschwindigkeit: 36 kn.
Bewaffnung: Acht 10,2 cm-Flak (4 × 2). Vier 4 cm-Flak
   in Einzellafette. Zwei 2 cm-Flak in Einzellafette. Acht
   53,3 cm-Torpedos (2 × 4) in Überwasser-Rohrgruppen.
Besatzung: 226 Mann.
Bauwerften: *Lance* – Yarrow Ltd., Stapellauf 28. 11. 40,
   Legion – Hawthorn Leslie, Stapellauf 26. 12. 39.

ZERSTÖRER *NESTOR* UND *PIORUN* (POLNISCH)

Verdrängung: 1 690 ts Standard.
Abmessungen: Länge in der KWL 103 m, über alles 108 m;
   Breite 11 m; Tiefgang 2,7 m.
Antrieb: Getriebeturbinen. 2 Wellen. 40 000 WPS.
Geschwindigkeit: 36 kn.
Bewaffnung: Sechs 11,9 cm-Geschütze (3 × 2). Vier 4 cm-
   Flak in Einzellafette. Zwei 2 cm-Flak in Einzellafette.
   Zehn 53,3 cm-Torpedos (2 × 5) in Überwasser-Rohr-
   gruppen.
Besatzung: 183 Mann.
Bauwerften: *Nestor* – Fairfield, Stapellauf 9. 7. 40,
   Piorun – J. Brown, Stapellauf 7. 5. 40.

ZERSTÖRER *COSSACK, MAORI, ZULU, SIKH, SOMALI,*
MASHONA, TARTAR UND *PUNJABI*
(»Tribal« – Volksstamm-Klasse)

Verdrängung: 1 870 ts Standard.
Abmessungen: Länge in der KWL 108 m, über alles
114,6 m; Breite 11,1 m; Tiefgang 2,7 m.
Antrieb: Getriebeturbinen. 2 Wellen. 44 000 WPS.
Geschwindigkeit: 36 kn.
Bewaffnung: Acht 11,9 cm-Geschütze (4 × 2). Vier 4 cm-
Flak in Vierlingslafette. Vier 53,3 cm-Torpedos in Über-
wasser-Vierlingsrohrgruppe.
Besatzung: *Cossack, Somali, Tartar* 219 Mann, alle übrigen
190 Mann.
Bauwerften: *Cossack* – Vickers Armstrong, Stapellauf
8. 6. 36,
Mashona – Vickers Armstrong, Stapellauf 3. 9. 37,
Maori – Fairfield, Stapellauf 7. 7. 37,
Sikh – Stephen, Stapellauf 17. 2. 37,
Zulu – Stephen, Stapellauf 23. 9. 37,
Somali – Swan Hunter, Stapellauf 24. 8. 37,
Tartar – Swan Hunter, Stapellauf 21. 10. 37,
Punjabi – Scotts, Stapellauf 18. 12. 37.

ZERSTÖRER *WINDSOR*

Verdrängung: 1 100 ts Standard.
Abmessungen: Länge in der KWL 91 m, über alles 95 m;
Breite 9 m, Tiefgang 3,3 m.

Antrieb: Getriebeturbinen. 2 Wellen. 27 000 WPS.

Geschwindigkeit: 34 kn.

Bewaffnung: Drei 11,9 cm-Geschütze in Einzellafette. Eine 7,6 cm-Flak. Zwei 4 cm-Flak in Einzellafette. Vier 2 cm-Flak in Einzellafette. Drei 53,3 cm-Torpedos in Überwasser-Drillingsrohrgruppe.

Besatzung: 125 Mann.

Bauwerft: Scotts, Stapellauf 21. 6. 18.

TECHNISCHE DATEN (DEUTSCHE SCHIFFE)

SCHLACHTSCHIFF *BISMARCK*

(KOMMANDANT: KAPITÄN Z. SEE ERNST LINDEMANN)

Verdrängung: 41 700 ts Standard, 50 900 ts maximal.

Abmessungen: Länge in der KWL 241,5 m, über alles 251 m; Breite 36 m; Tiefgang 8,7 m bei Standard-, 10,2 m bei maximaler Verdrängung.

Antrieb: 12 Wagner Hochdruckkessel mit Betriebsdruck von 60 atü bei 450° C in 3 Kesselräumen, drei Satz Getriebeturbinen, 3 Wellen, 150 000 WPS.

Geschwindigkeit: Konstruktion 29,5 kn, bei Probefahrten erreicht 30,8 kn.

Bewaffnung: Acht 38,1 cm-Geschütze (4 × 2). Zwölf 15 cm-Geschütze (6 × 2, drei auf jeder Seite). Sechzehn 10,5 cm-Flak (8 × 2, vier auf jeder Seite). Sechzehn 3,7 cm-Flak (8 × 2). Sechzehn 2 cm-Flak in Einzellafette.

Panzerung: Gürtelpanzer 320 mm von der Vorkante des vordersten bis zur Achterkante des achtersten Turmes; er reichte vom Oberdeck bis 2 m unter die Wasserlinie bei maximaler Verdrängung. Das Oberdeck bestand aus 50 mm starkem Spezialstahl, darunter überdeckte das 100 mm starke Panzerdeck vier Fünftel der Schiffslänge mit Seitenböschungen bis zur Unterkante des Gürtelpanzers. Der Böschungsteil war auf 120 mm verstärkt. Das innere Torpedoschott bestand aus besonders zähem, dehnbarem Stahl, der als »Wotan weich« bezeichnet wurde.

Flugzeuge: Sechs Arado 196.

Funkmeßgeräte: Zwei Ortungsgeräte (FuMO), ein Beobachtungsgerät (FuMB).

Besatzung: 2200 Mann einschl. Flottenstab.

Bauwerft: Blohm & Voss, Hamburg, Stapellauf 14. 2. 39.

KREUZER *PRINZ EUGEN*
(KOMMANDANT:
KAPITÄN Z. SEE HELMUTH BRINKMANN)

Verdrängung: 14 240 ts Standard, 18 400 ts maximal.

Abmessungen: Länge in der KWL 199,7 m, über alles 212,5 m; Breite 21,6 m; Tiefgang 5,8 m bei Standard-, 7,9 m bei maximaler Verdrängung.

Antrieb: 12 Hochdruckkessel (La Mont) mit Betriebsdruck von 70 atü bei 450° C in 3 Kesselräumen, drei Satz Getriebeturbinen, 3 Wellen, 132 000 WPS.

Geschwindigkeit: 32 kn.

Bewaffnung: Acht 20,3 cm-Geschütze (4 × 2). Zwölf 10,5 cm-Flak (6 × 2). Zwölf 3,7 cm-Flak (6 × 2). Zwölf

53,3 cm-Torpedos (4 × 3) in Überwasser-Rohrgruppen.
Zahlreiche 2 cm-Flak.
Panzerung: Gürtelpanzer 80 mm in der Wasserlinie, Ober-
deck 30 mm, Panzerdeck 30 mm, Türme 70 und 105 mm,
Kommandoturm 50–150 mm.
Bauwerft: Germaniawerft, Kiel, Stapellauf 22. 8. 38.

Anmerkung zu deutschen Funkmeß-Geräten:

Im September 1935 wurde Admiral Raeder ein erstes
Versuchsgerät auf dem Versuchsboot *Welle* vorgeführt. In
der Folgezeit fanden getrennte Entwicklungen von Geräten für Verwendung an Bord und zur Aufstellung an Land
zu Flugmeldezwecken statt. Sie liefen unter der Tarnbe-
zeichnung »Dete-Geräte« (Dezimeter-Telegrafie). Im Win-
ter 1938/39 lief die Serienfertigung von »Freya«-Geräten
mit 2,4 m Wellenlänge zum Flugmeldedienst an, die gegen
Luftziele über eine Reichweite von 40 bis 60 km verfügten.
Die gleichzeitig betriebene Entwicklung von sog. »seetakti-
schen« Geräten hatte mit Versuchsgeräten auf dem Panzer-
schiff *Admiral Graf Spee* vor der spanischen Küste und auf
anderen Schiffen zu ersten Erfolgen geführt. Diese arbeite-
ten auf einer Wellenlänge von 80 cm und konnten Seeziele
auf eine Entfernung von 14 km und mehr erfassen. Nachdem bis Ende 1939 8 Freya- und 4 seetakt. Geräte ausgelie-
fert waren, denen im Jahre 1940 weitere 49 Freya- und 27
seetakt. Geräte folgten, wurde *Bismarck* mit 2 Geräten der
letzteren Art (Funkmeß-Ortungsgerät – FuMO) mit

2 × 6 m großen, »matratzen«-förmigen Antennen an der Vorderseite der Drehhauben der optischen Entfernungs-meß(Basis-)Geräte sowie – kurz vor dem Auslaufen – mit einem Beobachtungsgerät (FuMB) ausgerüstet.

TECHNISCHE DATEN DER FLUGZEUGE

SWORDFISH

Ark Royal – Staffeln Nr. 810 und 818.
Victorious – Staffeln Nr. 820 und 825.
Chef der Staffel 825:
    Lieutenant-Commander Eugene Esmonde.
Chef der Staffel 818: Lieutenant-Commander T. P. Coode.
Trägerflugzeuge für Torpedoangriff, Aufklärung und Artilleriebeobachtung.
Besatzung: bei Aufklärung drei, bei Torpedoangriff zwei.
Metallgerüst mit Leinwand-Bespannung.
Gebaut von der Fairey Aviation Co., Hayes, Middlesex;
    Unterauftrag an Blackburn Aircraft Ltd., Brough.
Motor: ein Bristol Pegasus III M 3, 690 PS, oder Pegasus XXX, 750 PS.
Abmessungen: Spannweite 13,87 m (beigeklappt 5,26 m); Länge 11,07 m; Höhe 3,91 m; Tragfläche 56,4 m²; Gewicht 2340 kg, beladen 4165 kg.
Flugleistung: Höchstgeschwindigkeit 257 km/h in 1450 m Höhe, Reisegeschwindigkeit 193–235 km/h in 1500 m Höhe, Flugweite mit einem 725 kg-Torpedo 1000 km.

FULMAR

Victorious – Staffel Nr. 800 Z bestand aus sechs dieser Maschinen. Wegen ihrer ausgezeichneten Nachtaufklärung konnten die Swordfish *Bismarck* in der Nacht 24./25. Mai angreifen.
Zweisitziges Träger-Jagdflugzeug. Ganzmetallbauweise.
Motor: ein Rolls-Royce Merlin VIII, 1080 PS.
Abmessungen: Spannweite 14,14 m; Länge 12,29 m; Höhe 4,27 m; Tragfläche 31,8 m²; Gewicht beladen 4410 kg.
Flugleistung: Höchstgeschwindigkeit 518 km/h, Reigegeschwindigkeit 435 km/h, Steigfähigkeit 365 m/min., Flugweite 1480 km, Gipfelhöhe 7900 m.
Bewaffnung: Acht starre Browning MG, einige Maschinen eine Einzel-Vickers K im achteren Cockpit.
In Dienst genommen im Juni 1940.

AUF BISMARCK GESCHOSSENE TORPEDOS

Schiff	Zeitpunkt des Angriffs	Anzahl der eingesetzten Torpedos (Notwürfe)	Treffer	vermutliche Treffer
Victorious	25. 5./24.00	8 (1)	1	–
Ark Royal	26. 5./15.50 (irrtümlich auf Sheffield)	11 (3)	–	–
			–	–
	26. 5./21.00	13 (2)	2	1
	27. 5./10.16	— (15)	–	–
Cossack	27. 5./01.40	3	1	–
	27. 5./03.35	1	–	–
Maori	27. 5./01.37	2	1	–
	27. 5./06.56	2	–	–
Zulu	27. 5./01.21	4	–	–
Sikh	27. 5./01.28	4	–	1
Rodney	27. 5. insges.	12	1	–
Norfolk	27. 5. insges.	8	–	1
Dorsetshire	27. 5./10.25	3	2	1
			8	4

Gesamtverbrauch 92

davon gezielt geschossen bzw. geworfen 71

MUNITIONSVERBRAUCH WÄHREND DES
ABSCHLIESSENDEN GEFECHTS AM 27. MAI 1941

Schiff	40,6	35,6	20,3	15,2	13,3
King George V.	–	339	–	–	660
Rodney	380	–	–	716	–
Norfolk	–	–	527	–	–
Dorsetshire	–	–	254	–	–
Insgesamt	380	339	781	716	660

Literaturverzeichnis

BIDLINGMAIER, GERHARD, Erfolg und Ende des
Schlachtschiffes *Bismarck*. In: Wehrwissenschaftliche
Rundschau 9/1959.

–, The Sinking of *Bismarck* (Beilage zur London Gazette
Nr. 38098), Admiral Sir John Tovey's Gefechtsbericht.

BRADFORD, ERNLE, The Mighty *Hood*, 1959.

BRENNECKE, JOCHEN, Schlachtschiff *Bismarck*, 1960.

BREYER, SIEGFRIED, Schlachtschiffe und Schlachtkreuzer 1905–1970, 1970.

GRENFELL, RUSSELL, Jagd auf die *Bismarck*, 1953.

LIDELL HART, SIR BASIL (Hrsg.), The History of the
Second World War, Vol. 2.

MCMURTRIE, FRANCIS, The Cruise of the *Bismarck*.

PARKES, OSCAR, British Battleships.

RAEDER, ERICH, Mein Leben, 1957.

ROSKILL, S. W., The War at Sea 1939–1945, Vol. 1,
London, HMSO.

RUGE, FRIEDRICH, Der Seekrieg 1939–1945, 1962.

VON DER PORTEN, EDWARD P., Die deutsche Kriegsmarine im Zweiten Weltkrieg, 1975.

WAGNER, GERHARD (Hrsg.), Lagevorträge des Oberbefehlshabers der Kriegsmarine vor Hitler 1939–1945, 1972.

Register

171

172

Aus unserem Marine-Sachbuchprogramm

Prof. Dr. Jürgen Rohwer
GELEITZUGSCHLACHTEN IM MÄRZ 1943
356 Seiten, 180 Abbildungen und Zeichnungen, Leinen, DM 36,–

In diesem Buch wird zum ersten Mal der Versuch gemacht, den Höhepunkt dieser Schlacht im Atlantik in den ersten 20 Tagen des März 1943 zu schildern. Mit zahlreichen Karten wird die Gesamtlage im Nordatlantik verdeutlicht.

Peter Dickens
BRENNPUNKT: ERZHAFEN NARVIK
Kampf deutscher und britischer Zerstörer um schwedisches Erz in den Fjorden Norwegens
324 Seiten, 112 Abbildungen, Leinen, DM 28,–

1940 besetzten deutsche Truppen Norwegen und Dänemark, um die Zufuhr schwedischen Eisenerzes über Narvik sicherzustellen.
Dies ist die Schilderung der Seegefechte bei Narvik, die am 10. und 13. April in arktischem Nebel und Schneegestöber geführt wurden.

S. G. George
VOM SKAGERRAK NACH SCAPA FLOW
Die Hebung der versenkten deutschen Flotte – eine technische und seemännische Großtat der Schiffsbergung
272 Seiten, 90 Abbildungen, Leinen, DM 28,–

Am 21. Juni 1919 wurde die in Scapa Flow internierte deutsche Hochseeflotte versenkt. Über die Schwierigkeiten und abenteuerlichen Bergungsoperationen berichtet dieses Buch. Außer einer umfassenden Darstellung ergibt eine große Zahl bisher unbekannter Fotos diesen Gesamtüberblick.

A. J. Watts
DER UNTERGANG DER SCHARNHORST
– Höhepunkt und Ende des Kampfes um die Rußland-Konvois 1943 –
160 Seiten, 50 Abbildungen, Leinen, DM 24,–

Hier wird der Seekrieg in der Arktis aufgezeichnet, der mit dem vergeblichen Angriffsversuch der »Scharnhorst« auf den nach Murmansk bestimmten Konvoi JW-55 B sein Ende fand. Es war die letzte große Seeschlacht, welche die Kriegsmarine von Großbritannien im 2. Weltkrieg zu bestehen hatte. Mit dem ›Untergang der Scharnhorst‹ wird ein Kapitel der Kriegsgeschichte abgeschlossen.

**MOTORBUCH-VERLAG
7 STUTTGART 1
POSTFACH 1370**

Aus unserem Marine-Sachbuchprogramm

P. von der Porten
DIE DEUTSCHE KRIEGSMARINE IM ZWEITEN WELTKRIEG
302 Seiten, 40 Abbildungen, Leinen, DM 28,80
Dieses Werk ist eine klare, lebendige Darstellung der Geschichte der Reichs- und Kriegs-marine des Deutschen Reiches von ihrem Wiederaufbau in der Zeit zwischen den Krie-gen bis zum Ende des Zweiten Weltkrieges.

Clemens Range
DIE RITTERKREUZTRÄGER DER KRIEGSMARINE
216 Seiten, 303 Abbildungen, Leinen, DM 28,–
Dies ist der Report über die 318 Ritterkreuzträger der Deutschen Kriegsmarine und der Träger der weiteren Stufen des Ritterkreuzes. Dem Autor (Jahrgang 1955) ist es gelun-gen, unbeschadet gewisser Tendenzen unserer Zeit, der ehemaligen Deutschen Kriegs-marine dieses schlichte Denkmal zu setzen.

Alexandre Korganoff
Prien gegen Scapa Flow
228 Seiten, 65 Abbildungen. Geb. DM 29,–
Hier wird eines der faszinierendsten Kapitel der Seekriegsgeschichte fesselnd und sach-getreu geschildert – der dramatische Angriff des deutschen U 47 auf den britischen Flottenstützpunkt Scapa Flow in der Nacht vom 13. zum 14. Oktober 1939.

Volkmar Kühn
TORPEDOBOOTE UND ZERSTÖRER IM EINSATZ 1939–1945
384 Seiten, 120 Abbildungen, Leinen, Vorwort von Großadmiral a. D. K. Dönitz, DM 36,–
Vom ersten bis zum letzten Tage des Zweiten Weltkrieges kämpften Zerstörer und Tor-pedoboote aller Marinen gegen U-Boote und Flugzeuge, gegen Kreuzer, Schlachtschiffe und Landbatterien. Dies ist die Geschichte von Männern, die bei jedem Wetter mit ihren Schiffen ausliefen und zu jeder Stunde zum Kampf bereit waren.

J. P. Mallmann-Showell
U-BOOTE GEGEN ENGLAND
Kampf und Untergang der deutschen U-Boot-Waffe 1939–1945
189 Seiten, 228 Abbildungen, Leinen, DM 36,–
Dies ist die Geschichte des Entstehens der deutschen U-Boot-Waffe und ihres Schicksals im Zweiten Weltkrieg.

MOTORBUCH-VERLAG
7 STUTTGART 1
POSTFACH 1370